Querverlag

Christoph Klimke & Sarah Mondegrin

Nicht ohne meine Pfoten!

Katzen, Hunde, Lesben, Schwule

Alle Charaktere, Schauplätze und Handlungen in diesem Band sind frei erfunden. Ähnlichkeiten mit lebenden und toten Personen sind unbeabsichtigt.

© Querverlag GmbH, Berlin 2011

Umschlag und grafische Realisierung von Sergio Vitale
unter Verwendung einer Fotografie von fotolia © Willee Cole.

Druck und Weiterverarbeitung: Finidr
ISBN 978-3-89656-187-9
Printed in the Czech Republic

Bitte fordern Sie unser Gesamtverzeichnis an:
Querverlag GmbH und Salzgeber & Co. Medien GmbH
Mehringdamm 33, 10961 Berlin
www.querverlag.de • www.salzgeber.de

Inhalt

Joi fährt in Urlaub

Christoph Klimke

Joi sieht mich vorwurfsvoll an, dreht auf dem Wohnzimmertep-
pich ein paar Runden um sich selbst, um plötzlich demonstrativ
auf die schöne Wolle zu pinkeln.

Ich werfe mit dem Küchenhandtuch nach ihr und wir gehen
schnell nach draußen an den nächsten Busch. Hier hebt die kleine Mischlingshündin das Bein und ich belohne sie mit einem
Leckerchen: Frieden!

Offensichtlich passt ihr unser Ferienhaus an der Ostsee Nähe
Kappeln an der Schlei nicht. Dabei miete ich hier seit bald 25
Jahren einmal im Jahr ein gemütliches Reetdachhaus mit Kamin
und großem Garten, aber das kann Joi ja nicht wissen, da sie erst
seit Januar bei uns in Berlin-Kreuzberg lebt.

Die Autofahrt hierher war ihr schon suspekt, war sie doch
noch nie so lange mit mir allein. Mein und vor allem ihr Freund
Andreas fehlt ihr offensichtlich bereits jetzt, also unsere Rituale:
jeden Morgen die Runde am Landwehrkanal, am Mittag in den

Görlitzer Park, zwischendurch kleine Wege zum Einkaufen oder in die Stammcafés, zudem die vielen bekannten Hündinnen und Rüden samt Frauchen und Herrchen. Ebenso vermisst Joi die Abfalleimer im Park, so manche Ente am Wasser oder die auf sie lauernden Kaninchen. Ob groß oder klein, männlich oder weiblich, Joi ist das egal, Hauptsache, die Lebewesen sind freundlich oder riechen genießbar.

Am Abend liegt sie gerne auf dem Fernsehsofa oder geht mit meinem Freund zur Arbeit ins Berliner Ensemble, um in der Maske verwöhnt zu werden, bis Herrchen Nr. 1 während oder nach der Vorstellung zu ihr kommt und es schließlich zu Herrchen Nr. 2 nach Hause in den Graefe-Kiez geht. Die beiden rufen mich dann kurz vor der U-Bahn-Haltestelle Schönleinstraße an. Ich gehe ihnen entgegen und wir trinken noch so manches Bier unten im „Avril", wo die Wirtsleute uns großzügig belächeln. Immerhin bringen wir Jois Decke mit, damit die Neu-Berlinerin aus Malaga nicht auf dem schnöden Kneipenboden oder bald im Sommer vor dem Lokal auf dem schmutzigen Pflaster mit uns die Nächte verbringen muss. Hier wird sie die Sterne und den Mond sehen, ein Bild, das sie aus ihrem heimischen Malaga kennen muss.

Ja, Joi ist Spanierin, genauer gesagt Andalusierin, und hat als Straßenhund in der südspanischen Stadt auf einem staubigen Parkplatz gelebt. Tagsüber im Gebüsch versteckt, traute sie sich mit ihren Kollegen und Feinden nachts raus aus dem Dickicht, um die Mülleimer zu leeren. Dort wäre sie beinahe eingefangen und in eine Tötungsstation verbracht worden. Was dieser Hund hat erleben müssen, kann ich mir kaum vorstellen, wenn ich mir die Fotos ansehe, wo sie ausgehungert und mit krankem Fell und Blick in dieser tier-unfreundlichen Stadt leben musste. Tierschützer haben sie nach Deutschland geholt. Hier lebte sie zuerst auf Sylt, dann in Berlin-Zehlendorf und nun endlich bei uns in Kreuzberg, was sie hoffentlich nicht allzu sehr an Malaga erinnert.

Heute fahren wir also beide nach Schleswig-Holstein, wo Orte wie unser Schuby, das benachbarte Kopperby, Thumby oder Karby an das nahe Dänemark erinnerten. Vor 1989 bin ich mit meinem ersten Freund die Transitstrecke durch die DDR gefahren, wo jeweils zweimal muffige Grenzsoldaten uns aufforderten, die noch langen Haare hinter die Ohren zu legen, um eine Übereinstimmung zwischen Passfotos und momentaner Verfassung zu prüfen. „Weiterfahren!", lautete die erlösende Parole und wir atmeten aus.

Vor über 20 Jahren waren die Rapsfelder genauso gelb wie jetzt im Mai, die Windräder noch nicht so zahlreich und Solaranlagen auf Dächern unüblich. Immer mehr Straßen, verlassene Gehöfte, verwaiste Betriebe bezeugen, diesem Landstrich geht es trotz Landwirtschaft und Tourismus nicht sonderlich gut. Die Familien, die Jahr für Jahr hierherfuhren, oft mit Hund, Kind und Kegel, fliegen heute für wenig Geld in die Türkei: alles inklusive und der Hund kommt zu den Nachbarn oder wird erst gar nicht angeschafft.

Angeschafft haben wir uns einen Hund nie. Andreas hatte seinen ersten Hund gegen den Willen seines Vaters durchgesetzt: Rex, ein braun-glänzender Setter, der mit zwei Jahren wegen eines schweren Krebsleidens schon eingeschläfert werden musste. Mein Freund begnügte sich dann mit Wellensittich und Schildkröten. Und das im Gelsenkirchen der siebziger Jahre, wo man Schildkröten nur aus dem Zoo oder eher aus Suppendosen kannte.

In den achtziger Jahren dann Pazza.

Andreas hatte sein erstes Engagement am Staatstheater Stuttgart und wohnte in einer WG zur Untermiete bei Metzgersleuten. Das gefiel Pazza sehr, aber weniger, dass ihr eigentliches Herrchen mit dem Tourneetheater durch die Lande tingelte und nie zu Hause war. So zog die zum Übergewicht neigende Hündin, eine Mischung aus Rottweiler, Berner Sennen- und Schäferhund, einfach zum Staatsschauspieler ins Zimmer. Heute weiß ich längst, dass die Ignoranz ihres Herrchens nicht der einzige Grund war, schließlich ist mein Freund der einzige Mensch, den ich kenne, nach dem Hunde sich umdrehen.

Pazza ging dann mit ans Schauspiel Frankfurt, wo ich die beiden kennenlernte. Ich war als Gast-Dramaturg engagiert und sollte mit einem befreundeten Regisseur, der mein erstes Theaterstück *Die Siamesischen Zwillinge* am Schauspiel Dortmund uraufführte, den *Sommernachtstraum* auf die Bühne bringen. Heißt es bei Shakespeare: „Was sonst alltäglich ohne viel Gehalt, kehrt Liebe um in Idealgestalt", so kann ich nur sagen, der Maestro hat Recht und Unrecht zugleich. Dass wir Menschen uns in der Partnerwahl oft selbst blenden, ist wohl wahr, aber Tiere haben da den besseren Riecher, wenn sie Glück haben, und: „Das Glück küsst manche oft und manche nie", beweist diese Komödie.

Pazza hatte großes Glück und ich mit Andreas und ihr. Jeden Morgen bei den Proben ging die Tür auf, Pazza stolzierte herein und steuerte gezielt die Souffleuse an, die bereits mit Leckerchen auf sie wartete, dann schlich mein Freund hinterher, um Morgen für Morgen zu verkünden: „Ich kann heute nicht" oder „Ich weiß gar nicht, wie ich das spielen soll!". Er konnte und wusste sehr wohl, aber Hunde lieben ihn besonders, da er Rituale pflegt und genau wie sie Veränderungen hasst.

Joi schaut mich mitleidig an, scheint doch draußen die Sonne. Der Himmel ist blitzeblank blau, im Gartenteich baden die Vögel und aus dem in den Hecken wachsenden Grün raschelt und singt es. Raus also an den Strand nach Schönhagen. Vorbei an Höfen, die Trecker davor geparkt, Pferdeställe, Hühnerfarmen, Kuhherden, die schweren Leiber dicht an dicht gedrängt, schließlich will es Abend werden. Katzen streichen durchs Gras,

Hunde bellen uns an, die Sonne will abtauchen im graugrünen Meer.

Wir laufen an der Wasserlinie entlang. Kaum Gischt, einige tote Vögel, in deren teerigen Kadavern sich Joi wälzen will. Ab und zu eine noch glitschig milchige, eingetrocknete Qualle, Plastikmüll, die leeren Flaschen vom 1. Mai, Reste eines Lagerfeuers und immer noch viele, unendlich viele Muscheln, stumme Zeugen ihres Unterwasserlebens. Eine große, hellbraune mit filigranen Linien halte ich ans Ohr und kann gegen den Wind kaum das Rauschen hören. „Noch dreimal schlafen", sage ich zu Joi, „dann kommt Herrchen Nr. 1 uns besuchen." Der Hund scheint meine freudige Mitteilung zu ignorieren und läuft voraus, denn der entgegenkommende Labrador plus die kreischenden Möwen sind allemal aktueller.

Die beiden beschnuppern Geschlechtsteile und den Arsch, Joi springt wie ein Zirkushund um den Rüden, der sie vergeblich besteigen will. Dann trennen sie sich und Frauchen und ich nicken einander zu. In der Ferne glänzen weiße Schiffe am Horizont und der stillgelegte Marinestützpunkt ragt ins Wasser. Joi stöbert im Dreck und macht in aller Ruhe – ja, beinahe stoisch den Blick in die Ferne gerichtet – ihr Geschäft. „Gut so", pflichte ich ihr bei, jetzt drehen wir um und ich koche ihr aus Berlin mitgebrachte Hühnerbrust mit Reis und Möhren, bis auch ich etwas zwischen die Zähne bekomme.

Unterwegs winken Nachbarn uns zu. Die Wirtin vom Dorfkrug nebenan: „Na, habt ihr Nachwuchs?"

Ich aber muss Andreas anrufen, um ihm von der wie immer erfolgreichen Verdauung unserer Gefährtin zu berichten. Ganz erleichtert sagt er am Telefon: „Hierrauf trinke ich gleich ein Bier!"

Na, Prost!

Kratzmöbel

Sarah Mondegrin

Endlich ist es Sommer geworden und das samstägliche Licht lässt den schmalen Stamm des Apfelbaums in unserem kleinen Garten silbrig glänzen.

„Olfa?"

Ich drehe meinen Kopf Richtung Küche, wo Olfa mit demonstrativem Klappern damit beschäftigt ist, mir – ungefragt – einen Milchkaffee zu kochen. Ich hätte es selbst gemacht, aber ich habe Kater Wolfi auf dem Schoß. Es sind schon morgens 29 Grad, aber Wolfi – unser schwerer Maincoonmix-Kater – möchte kuscheln.

„Du? Jetzt hör doch mal!", rufe ich gegen das Klappern an. „Hier steht: Der Kratzbaum Zeus ist ein deckenhoher, stabiler Kratzbaum mit umfassender Spiel- und Kratzmöglichkeit. Die Gesamthöhe ist verstellbar!"

Ich kann mir nicht helfen, mir gefällt dieses Kratzmöbel. Wenn ich eine Katze wäre, würde ich mich in die oberste Schlafhöhle zurückziehen und die herrlichsten Nickerchen der Welt machen. Als Katze schläft man 16 Stunden am Tag, das fand ich schon immer eine großartige Perspektive.

Olfa kommt in ihrem etwas zu kurzen Schlafhemd in den Wintergarten. Ihre langen Beine sind sommerlich gebräunt. Sie setzt das Tablett mit dem Milchkaffee noch lauter als sonst auf dem Tisch ab.

„Hier, dein Kaffee! Meinst du nicht, dass wir gerade andere Sorgen haben, als Kratzmöbel auszusuchen? Also … ich glaube, das bringt Unglück!"

Sie gibt ein resigniert-schnaufendes Geräusch von sich und lässt sich in den Korbstuhl plumpsen. Dann zieht sie – mit leicht angewidertem Gesichsausdruck – ihren grünen Tee zu sich heran. Olfa ist kaffeesüchtig, aber zurzeit darf sie keinen trinken. Ihrer Laune tut das nicht gut.

„Es ist schon nach zehn!" In ihrer Stimme schwingt mühsam unterdrückte Angst. Olfa gehört zu den Menschen, die sich in Aggression flüchten, wenn die Angst ihre Seele zu fluten droht. Am liebsten würde ich sie in den Arm nehmen, auch wenn Wolfi verärgert wäre über die Unterbrechung seiner Kuschel-Session. Doch Olfa duldet jetzt keine Zärtlichkeiten. Wenn sie eine Katze wäre, hätte sie einen gesträubten Drachenkamm, ich kann ihn fast vor mir sehen.

Ja, es ist schon nach zehn. 26 Stunden. Ich überschlage noch einmal, wann ich Mulle zuletzt gesehen habe, 26 Stunden, das ist eine furchtbar lange Zeit. Es war Freitagmorgen gewesen, acht Uhr. Ich hatte mir einen Toast mit Olfas frischgekochter Himbeermarmelade bestrichen und Mulle hatte den Kühlschrank umschnurrt. Die Tür sollte sich öffnen und ein Klacks Sahnequark sollte auf ihrem Näpfchen landen – ja, ich verstand die Katzensprache. Nachdem Mulle den Quark verschlungen hatte, war sie schon wieder zur Tür hinaus, noch etwas Quark im Schnurrbart, ein Funkeln in ihren bernsteingelben Augen.

Wo war sie jetzt? Wo nur?

„Hör doch mal auf mit diesem Kratzmöbel-Quatsch", quengelt Olfa. Sie hält die Teetasse in ihrer hohlen Hand und starrt hinaus in den Apfelbaum, als könnte sich dort zwischen den Zweigen unsere Mulle materialisieren, wenn sie nur lang genug hinschaut.

Sie hat ja Recht. Trotzdem kann ich es nicht lassen und klicke mich weiter durch die Seiten mit dem Katzenbedarf.

„Aber hier, diese Fressbällchen. Für dich wär das auf jeden Fall was!"

Wolfi ignoriert meinen liebevollen Blick. Stattdessen stemmt er sich mit ausgefahrenen Krallen hoch, springt ab und steuert den Schoß von Olfa an. Typisch! Kaum taucht sie auf der Bildfläche auf, bin ich abgemeldet! Ich bemühe mich, eine eifersüchtige Aufwallung niederzukämpfen, aber so ganz gelingt mir das nicht.

„Für dich auch!", murmele ich Richtung Olfa. Die verdreht nur die Augen und nippt an ihrem Tee.

„Da könnten wir dein Frühstück reinfüllen und du müsstest es erst durch die ganze Wohnung rollen, bevor du es verzehren könntest … was meinst du?"

Olfa schweigt. Ein gutes Schweigen hört sich anders an. Manchmal hilft es, sie zu provozieren, wenn sie sich in diese passive Aggression verhakt hat, aber heute nicht, heute ist sie schon viel zu weit weg von mir.

„Und abends mit den Chips und der Schokolade, Schnubsi, da könnten wir das auch machen. Hörst du mir überhaupt zu?"

Sie rührt reaktionslos in ihrem Tee herum. Zu rühren gibt es da eigentlich gar nichts, denn sie trinkt ihn bitter und pur. Da sie keine Teekocherin ist, kriegt sie ihn nie so hin, dass er richtig gut schmeckt.

„Du, ich versteh das nicht. Mulle kann kommen und gehen, wie sie will. Draußen hat sie alle Ablenkung der Welt. Sie kann

Mäuse jagen, in der Sonne liegen … Vielleicht hat sie uns einfach satt?"

Olfa springt auf. „Was meinst du, soll ich uns Rührei machen?"

„Ich dachte, du bist auf Diät? Also ich, ich bring jetzt nichts runter! Ich verstehe nicht, wie du ans Essen denken kannst!"

„Nun ja, zumindest er scheint ja ganz unbesorgt zu sein."

Sie beugt sich vor, um den Kater hinter den Ohren zu kraulen. Dann nimmt sie – ohne Vorwarnung – einen Schluck von meinem Kaffee.

„Gott, hast du da wieder Zucker reingeschaufelt! Wie kannst du das nur trinken?"

Jetzt ist es an mir, nicht zu reagieren. Mir ist nicht nach Streit. Normalerweise würden wir uns jetzt in einen Disput darüber verheddern, dass das schließlich mein Kaffee ist, dass Olfa ihn nicht trinken müsse … und überhaupt: Wer hat sich denn gerade für die Symbioselenkung entschieden, um die Darmflora zu sanieren?

Sie streichelt den Kater, der übrigens gar nicht so entspannt ist, wie Olfa behauptet. Gelegentlich peitscht sein Schwanz auf und ab und die Schwanzspitze zuckt hin und her. Aber das könnte auch daran liegen, dass die alte Nachbarin mal wieder das Treppenhaus saugt. Das sind eben die Nachteile, wenn man in einem Sechziger-Jahre-Zwei-Familienhaus in Lichtenrade lebt.

Wolfi mag den Lärm genauso wenig wie Olfa und deshalb liebt sie ihn auch so sehr. Sie hat den Kater damals in die Ehe gebracht und in finsteren Stunden frage ich mich – eine Frage, die ich selbstverständlich für mich behalte –, ob ich nicht überhaupt wegen Wolfi, der eigentlich Wolfgang Amadeus heißt, vor viereinhalb Jahren in Olfas Bett gelandet bin. Natürlich spielten da auch andere Dinge eine Rolle – Dinge, an die ich mich seit einiger Zeit nur schemenhaft erinnern kann, denn irgendwie hat uns der Alltag eingeholt und der Alltag hat seine Erotik-Abteilung reduziert – mangels Nachfrage.

Wolfi, wie ich ihn damals nur heimlich nennen durfte, war in jenen Tagen ein entzückendes Katzenkind mit riesigen Pfoten. Sein rotweißes wuscheliges Fell leuchtete in der Sonne, wenn er auf der Fensterbank saß und so tat, als wolle er sich putzen beziehungsweise als könne er es schon.

Niemandem, wirklich niemandem gegenüber hätte ich zugegeben, dass ich damals nur – na ja, nicht nur – wegen Wolfi über Nacht geblieben war. Als Kind wollte ich immer Katzen haben, am liebsten zwei. Um besser einschlafen zu können, stellte ich mir vor, wie sie in einem Körbchen neben meinem Bett liegen würden, leise schnurrend. Eine schwarze und eine weiße – wie auf der Postkarte, die ich zu meinem siebten Geburtstag bekommen hatte.

Erst später wurde mir klar, dass meine Eltern richtige Katzenhasser waren. „Katzenfreundlich", so nannte meine Mutter ihre eigene Schwester und „Aber nicht wieder so eine Katzenwäsche!" hieß es – mit dem obligatorischen Schlag „hinter die Löffel", wenn ich den Waschlappen nicht richtig eingeschäumt hatte. Die tierfeindliche Floskel „etwas hinter die Löffel bekommen" zielte natürlich auf einen Vergleich mit Kaninchen, die meine Eltern nur als Pastete sympathisch fanden. Ihr Rezept für Paté de champagne hütete meine Mutter wie ihren Augapfel.

Bei Olfa drehte sich alles um Wolfi und seine Schwester Mulle. Mulle war grau – ein silbriges, elegantes Grau. Wahrscheinlich hatte sie eine Kartäuserin in ihrer Ahnenreihe, diese bildschönen französischen Edelkatzen. Womöglich war Mulle noch niedlicher als Wolfi und innerlich war ich zutiefst erschrocken, dass aus den verborgenen Winkeln meines Wortschatzes ein Wort wie „niedlich" an die Oberfläche gespült werden konnte.

Der volle Name von Wolfi lautete Wolfgang Amadeus Mozart, denn Olfa war zu jener Blütezeit unserer Liebe Musikstudentin und fand es schick, einen Kater zu haben, der Mozart hieß. Mulle hieß am Anfang Clara Schumann, aber das hatte sich nicht durchgesetzt. Besonders weil ich – die ja dann doch nach dieser ersten Nacht öfter vorbeischaute – mich beharrlich weigerte, dieses graue Katzenbaby Clara zu nennen.

„Mulle ist jetzt schon seit 26 Stunden weg", wiederholt Olfa. Eigentlich sind es 26 Stunden und 20 Minuten, denn in den letzten 15 Minuten ist sie in die Küche gegangen und hat – wieder unnötig herumklappernd – eine Riesenpfanne Rührei zubereitet.

Da dampft es nun vor ihr auf dem rot gepunkteten Teller aus der Erbschaft ihrer Urgroßmutter. Komplett mit Speck und Schnittlauch. Ich befürchte das Schlimmste. Olfa neigt dazu, unausstehlich zu werden, wenn sie ihre eigenen Regeln bricht, und Rührei mit Speck, das ist in ihrer diätischen Situation der schlimmstmögliche Regelbruch.

„Ich weiß", sage ich. Inzwischen bin ich beim Surfen in der Abteilung Schlaftonnen angelangt. Vielleicht hätte der Wohnturm Ibiza dazu beigetragen, dass Mulle sich nicht ständig woanders amüsieren möchte? Der „Wohnturm der Superlative" kostet allerdings 119,95 €. Dafür ist er aber auch „aufwändig gestaltet, da das Bodenpodest und die Schlummergondel achteckig gearbeitet sind."

Wolfi hebt interessiert den Kopf und schnuppert Richtung Frühstücksduft. „Nase weg!", sagt Olfa mit ihrer strengen Katerstimme. Manchmal – ungefähr seit dem zweiten Jahr unserer Beziehung – benutzt sie diese Katerstimme auch mir gegenüber, eine Tatsache, die ich seit Kurzem nicht mehr klaglos registriere. Obwohl: Ist dies vielleicht der Preis dafür, dass ich ja hauptsächlich mit den Katzen zusammen sein wollte? Nein, nein – immer wenn meine Gedanken in diese Richtung driften, nehme ich eine sanfte Selbstkorrektur vor. Ich liebe meine Freundin. Ich liebe sogar ihren beharrlichen Eigensinn, auch wenn es zugegebenermaßen einfacher ist, mit dem Eigensinn von Mulle und Wolfi zurechtzukommen. Bis auf die Tatsache, dass Mulle sich zur Streunerin entwickelt hat.

„Willst du wirklich nichts, Schnubsi?" Olfa schiebt ihren Teller zu mir herüber. Vermutlich ist ihr gerade bewusst geworden, dass sie ihre Diät gefährdet. Dann muss ich wieder herhalten.

„Hast du nicht gehört?", knurre ich. Ich spreche zwar nicht mit meiner Katerstimme zu Olfa, aber besonders nett klingt diese Stimme auch nicht.

„Mulle, Mulle, Mulle! Wo ist sie bloß? Machst du dir denn gar keine Sorgen?"

Olfa zieht den Teller wieder zu sich heran und schiebt sich eine Gabel voller Rührei mit Schnittlauch in den Mund. Den Schnittlauch hat sie selbst im Garten gezogen. Der Garten ist ihr ganzer Stolz und auch der Schnittlauch, wie alles, was sie vor der ständigen Großoffensive der Schnecken zu schützen vermag.

„Sicher mache ich mir ein wenig Sorgen, Schnubsi", sagt sie kauend, „aber du weißt doch, letztes Frühjahr war Mulle sogar volle sieben Tage weg!"

„Aber da war sie bei den Nachbarn in der Garage eingesperrt! Und sie wäre fast verdurstet! Wenn ich nicht jeden Abend mit ihrem Foto durch die Gegend gerannt wäre, hätten wir sie nie wiedergesehen!"

Wolfi fixiert mich empört, weil ich so laut schreie. Er krallt seine Pfoten in Olfas Beine. Sie hat vergessen, das raue Frotteehandtuch, in das Wolfis spitze Krallen schon tausend Fäden gezogen haben, unterzulegen.

„Au! Spinnst du?" Der Kater wird unsanft zu Boden geschubst. Er wendet den dicken Katerkopf und schaut anklagend in meine Richtung.

„Dein Rührei wird kalt", sagt Olfa und schiebt den Teller wieder in meine Richtung.

„Ich will kein Rührei", sage ich.

„Sie wird schon wiederkommen. Ist sie bisher doch immer!"

„Wenn Wolfi so lange weg wäre, hättest du schon die ganzen Bäume plakatiert!" Ich stoße den Rührei-Teller wieder auf Olfas Seite des Tisches.

„Dein Wolfi ist doch viel zu träge, um herumzustromern!", kommt es von Olfa zurück.

„Mein Wolfi?"

Ich zünde mir eine Zigarette an. Das ist eine Kampfansage und Olfa weiß es. Demonstrativ reißt sie den Teller mit dem Rührei vom Tisch und isst vor der Wintergartentür weiter. Wolfi presst sich gegen ihre Beine, vermutlich glaubt er, es sei nicht verkehrt, sein hungriges Bäuchlein in Erinnerung zu bringen.

Plötzlich entdecke ich etwas Unbekanntes an Olfas bisher makellosem rechten Bein.

„Du hast da was!", sage ich.

„Ich weiß!", faucht meine Freundin. „Außerdem tut es weh! Die Ärztin sagt, es besteht die Gefahr einer Venenwandentzündung! Ich spritze mir schon seit drei Tagen Heparin in die Bauchdecke, weil die Entzündung erst mal abklingen muss. Aber du kriegst ja nichts mit! Du hast ja nur Augen und Ohren für deine blöden Katzen!"

Sie knallt den Teller auf den Tisch und rennt hinaus in den Garten. Ihr Schlafhemd hat genau die Farbe der halbverblühten Akelei.

Ich hebe Wolfi auf meinen Schoß und presse meine Nase auf den weichen, duftenden Kopf des Katers.

„Ich hoffe nur, dass deine Schwester bald wiederkommt", flüstere ich. Dann drücke ich die Zigarette aus und gehe vorsichtig hinaus in den Garten.

Nie wieder Diät!

Christoph Klimke

Jeder Hundebesitzer ist in größter Sorge um die Verdauung seines Vierbeiners. Er geht so lange und so oft Gassi, bis die gewohnte Zahl von zwei bis vier „Käckerchen" – so der Fachjargon – pro Tag vollbracht ist. Ist die für das Tier übliche Mindestmenge an Kot – oder wie manche Mitbürger despektierlich sagen „Hundescheiße" – nicht erreicht, heißt es: „Wir gehen noch mal kurz raus." Dann wird jede Wiese, jeder Weg und Wald zur Zitterpartie für Frauchen und Herrchen. Beide haben nur noch Augen für den Allerwertesten ihres Lieblings, der sich von deren Hysterie nicht beirren lässt. Hier noch mal schnuppern, dorthin pinkeln – oder auch „püschern" genannt – und kommt es dann endlich zum ersehnten Stuhlgang, wird dieser ganz genau auf Farbe und Konsistenz geprüft.

   Neuerdings wird die Kacke in kleine Plastiktüten gepackt – umweltfreundlich natürlich –, um dann im Abfalleimer entsorgt zu werden. Doch ich hege den Verdacht, dass diese Menschen die Kackwürste ihrer Hunde wie Trophäen mit sich tragen und die warme, weiche Masse in der Hand zu genießen wissen.

Pazzas Verdauung war eigentlich immer bestens, ihre Lust am Langlauf ließ aber mehr und mehr zu wünschen übrig. So eilte sie nach dem Aufstehen mit Andreas nur zum nächsten Bäcker, machte kurz vor der Backstube ihr Geschäft, um dann gleich mit zwei Croissants nach Hause zu kommen. Schließlich warteten Herrchen Nr. 2 mit Frühstück und dem *Denver Clan* im Fernsehbett auf sie. Danach ging es in die Friedberger Anlage, wo vor allem das hinkende Paulchen und sein Frauchen Frau Büttenklöpper schon auf uns lauerten.

Paulchen, ein lieber, etwas vertrottelter, schwarzer Mischling, lebte nicht nur mit seinem Frauchen, das aussah wie eine Mischung aus einer Bulldogge und einem Mops, zusammen, nein, wir wurden von dieser korpulenten Frankfurterin in ihre winzige Wohnung eingeladen und dort begrüßten uns ihre dicken Katzen.

„Riechen Sie etwas? Bei mir riechen Sie nichts", log die freundliche Köchin, die uns – damals Vegetarier – mit Schweinenierchen zu beglücken versuchte. Danach gab es Frankfurter Kranz mit Butter und einem süßen Sherry mit Sprüh-Sahne. Wir nahmen zu, aber auch unsere Pazza, für die die gute Büttenklöpper uns jedes Mal einen Plastikbeutel voller stinkendem Schlund mitgab.

„Das essen Hunde am liebsten", säuselte unsere Freundin zum Abschied.

In unserem ersten Sommer fahren wir mit Pazza nach Schuby. Andreas kauft uns bei Mosebach, dem Kneipier unseres Vertrauens, für tausend Mark einen alten Ford Kombi, der, so der Gastwirt, sicher noch ein paar tausend Kilometer machen wird. So weit wollen wir gar nicht, aber an diesem Samstagnachmittag auf der Autobahn bei Münster mit mehreren Koffern für sechs Wochen Ferien, dem Hund und dem Stall aus Holz und Draht mit

21

Kaninchen namens „Einstein" und Meerschweinchen namens „Anders" an Bord, also mitten auf der Strecke, macht unsere Neuerwerbung schlapp.

Der ADAC-Fahrer wirft nur einen trüben Blick in den Motorraum, „den können Sie vergessen", gibt er zu verstehen und schleppt uns mit Tieren und Gepäck zum nächsten Autohof. Dort gibt es einen Mietwagenverleih, also haben wir Glück im Unglück, aber die Rechnung für sechs Wochen macht uns dann doch zu schaffen. Wir nehmen natürlich den kleinsten Wagen, lassen die Mosebach-Karre einfach stehen und stopfen Menschen, Koffer und Tiere ins enge Auto. Am Abend kommen wir müde in Schleswig-Holstein an, ziehen in unser Haus und gehen gleich mit Pazza an den Strand. Die Hündin ist vergnügt, muss sie doch die finanziellen Sorgen nicht mit uns teilen. Später klingelt das Telefon und ich bekomme die Nachricht, dass ich das Berliner Autorenstipendium gewonnen habe. So ist der Mietwagen bezahlt und unsere Laune steigt.

Wir lernen neue Nachbarn kennen, die mit Pferden, Hühnern, Ziegen und Hunden auf ihrem Hof leben. Besonders Munka, eine schlanke Hündin, die an eine scheue, liebenswerte, verzauberte Hyäne erinnert, hat es uns angetan. Am nächsten Morgen ist es sonnig und heiß und wir stellen den Drahtverhau mit Einstein und Anders auf die fette, grüne Wiese voller Klee, schließlich sollen die beiden auch etwas vom Urlaub auf dem Lande haben. Vom Strandspaziergang kehren wir vergnügt zurück, Pazza läuft zum Käfig, in dem nur noch Einstein vor sich hin mümmelt. Keine Spur vom braun-weißen Anders, der durch eine kleine Mulde entkommen sein muss. Wir machen uns gleich auf die Suche, auch Pazza schnüffelt im Gebüsch, aber in der Weite des Gartens haben wir keine Chance.

Deprimiert ziehen wir in die Kneipe, um bei Bier und Korn uns die besten Geschichten von dem besonderen Paar zu erzählen. So renovierten die beiden regelmäßig unsere Wohnung, sprich: fraßen alle Tapetenenden ab, die wir dann ihnen beipflichtend auch hässlich fanden. Oder sie bissen regelmäßig Kabel durch und liebten im Übrigen vor allem Tomaten, ein Umstand, der ihre Zähne mangels harter Nahrung noch länger wachsen ließ, sodass wir das Gebiss der Nager regelmäßig beim Tierarzt kürzen lassen mussten. Schrecklich, unser Anders wird irgendwo verhungern oder Opfer eines der vielen Raubvögel hier!

Trunken und traurig kehren wir nach Hause zurück, da hängt ein Zettel an der Tür. Unsere Nachbarn wollen uns sprechen, egal, wie spät es ist. Tatsächlich hat Munka Anders an einem kleinen Bach entdeckt und blieb einfach stur vor dem Meerschweinchen sitzen, das sich daraufhin nicht zu rühren wagte. Munkas Frauchen wurde hierauf aufmerksam und Anders war gerettet. Natürlich müssen wir Anders' Rettung und Munkas Heldentat gleich begießen und belohnen.

Begossen haben Andreas und ich auch unser erstes privates Treffen. Wir gehen zum „L'Emir", einem zweifelhaften arabischen Restaurant am Baseler Platz in Frankfurt am Main essen. Am nächsten Tag haben wir probenfrei und Pazza und ihr Herrchen sind guter Dinge. Zwischen den vielen kleinen, köstlichen Gerichten reicht der Chef uns jedes Mal einen Schnaps, bis dieser Herr, der eher an einen Waffenhändler, denn an einen Restaurantbesitzer erinnert, uns ein Taxi ruft, ohne dass wir eines bestellt hätten. Wir torkeln Pazza hinterher die Treppen hoch und ich übernachte bei Andreas. Der Hund legt sich zwischen uns aus überflüssiger Sorge, ich könnte ihr Konkurrenz machen.

Als Andreas hier einzog, erzählt er am nächsten Morgen beim Katerfrühstück, war Pazza ganz und gar beleidigt. Schließlich zog sie von einer Metzgerswohnung mit Familienanschluss – das heißt, Würstchen und Pralinen beim Metzger und seiner Frau – in diese Einzimmerkaschemme. Das war vollends unter ihrer Würde, aber sie ertrug den Missstand einige Jahre tapfer.

Einmal sind wir mit ihr nach Hamburg gefahren, übernachteten in einem Drei-Sterne-Hotel, doch beim Spaziergang um die Binnenalster zog Pazza uns direkt ins Hotel Atlantic. Geschmack hatte sie unbedingt! Doch was die Küche angeht, wurde Pazzas Geschmack zum Problem. Im Alter wurde sie viel zu dick und der Tierarzt sah uns mehr als vorwurfsvoll an: „Pazza ist ab jetzt auf Diät. Wenig Futter und wenn sie bettelt, einfach ignorieren!"

Das entpuppt sich als überhaupt nicht einfach. Stellen wir der Hündin das karge Mahl vor die gierige Schnauze, blickt sie uns herzerweichend an. Wir versuchen, wegzuschauen, aber das schlechte Gewissen plagt uns so sehr, dass wir doch noch den einen oder anderen Löffel Magerquark ihr zubilligten. Pazzas Laune sinkt wie ihr Gewicht und nach drei Wochen präsentieren wir die Patientin stolz dem Doktor, der uns gnädig gratuliert.

Am Abend gehen wir zu Mosebach einen trinken, Pazza liegt wie immer am Tisch und heute gewähren wir ihr zur Belohnung ein Würstchen. Doch auf einmal müssen wir feststellen, unser Hund ist fort. Sogleich machen sich die Wirtsleute und Stammgäste auf die Suche. In der Friedberger Anlage: nichts. Keine Pazza in den Hinterhöfen und Seitenstraßen. Nach einer Stunde versammeln wir uns wieder am Tisch und betrinken unsere Angst. Da kommt durch die offene Tür ein fettes, stinkendes Wesen, schleppt sich uns zu Füßen und bittet um Gnade. Wir, überglücklich, identifizieren diesen ehemaligen Hund als unsere Pazza, die offensichtlich den Inhalt einer Mülltonne sich einverleibt hat, und schwören: „Nie wieder Diät!"

Moinmoin

Christoph Klimke

Don Quijote wäre begeistert. Schneller können Windräder sich nicht drehen als bei diesem Sturm, der über die Ostsee fegt. Gegen diese steife Brise mussten Joi und ich schon heute früh bei der ersten Runde über das Feld ankämpfen. Rechts Schweine, links Schafe und beiderseits am Wegrand Tausende von Löwenzahnblüten. Wenigstens sie strahlen unter den Wolken aus Blei. Jetzt aber im warmen Auto fahren wir Richtung Kaisborstel bei Itzehoe. Heute wollen wir den großen Dichter Günter Kunert besuchen, den ich seit 1984 kenne. Der Skeptiker unter den deutschen Schriftstellern schenkte mir seine Freundschaft, bevor er meine Lyrik kennenlernte, und sie hält auch nach seiner Lektüre meiner Gedichte bis heute an. Ich glaube, es ist vor allem unser Humor, der uns neben der Wertschätzung von Literatur verbindet. Kaum dass wir uns sehen, müssen wir lachen und solche Freude zieht jeden aus dem eigenen melancholischen Moor.

Kennengelernt haben wir uns in der Toskana, wo ich im Sommer das Seminar „Das Prinzip Hoffnungslosigkeit" zu Ehren des Maestro mit veranstaltet habe. Wir Hoffnungslosen saßen dann Abend für Abend auf langen Bankreihen im kühlen Hof bei Tisch, speisten Pasta und tranken viel Rotwein. Und da das „Schlimmste sich in Gelächter kehrt" – wie es im *König Lear* heißt –, lachten wir viel und ausdauernd.

Ich fahre am Eckernförder Noor vorbei, dann über Rendsburg, Hohenwestedt und Schenefeld schließlich in den Schulweg im kleinen Kaisborstel. Unter hohen Bäumen versteckt liegt das ehemalige Schulgebäude, in dem Günter Kunert mit seiner Lebensgefährtin Erika lebt.

1979 war der inzwischen 81-jährige Lyriker nach der Mitunterzeichnung der Biermann-Petition gegen die Ausbürgerung des DDR-Liedermachers mit seiner Frau Marianne und vielen Katzen von Berlin-Buch hierhergezogen. In der DDR stand er unter ständiger Stasi-Überwachung und bekam Schreibverbot. Da konnte er nur weggehen oder, wie Tucholsky es formuliert, ein „aufgehörter" Schriftsteller sein.

Joi und ich gehen noch ein Stück die schmale Straße entlang, denn der Hund muss nach eineinhalb Stunden Autofahrt sicher pinkeln. Traktoren fahren uns entgegen und die Bauern grüßen – wie hier üblich – mit Moinmoin! Günter Kunert öffnet uns die Tür und lacht mir entgegen, bückt sich aber gleich zu meiner kleinen Begleiterin, die ich ihm vorstelle. Er ist von ihr begeistert und führt uns in sein Wohnzimmer, in dem ich mindestens einmal im Jahr Kaffee und Kuchen genieße und später gern einen Wein oder Schnaps trinke. An den Wänden hängen Kunerts Bilder, Ölgemälde, auf denen er mit Marianne und den Katzen zu sehen ist. Jetzt ist aber keine Zeit, die neuen Zeichnungen, Radierungen und Bronze-Arbeiten zu bewundern; Joi will gestreichelt und mit Leckerbissen verwöhnt werden. Herrchen kann warten. Zurzeit leben hier sieben Katzen und kaum stirbt eine alte Samtpfote, werfen Nachbarn schon wieder jungen Nachschub über den Zaun.

„Letztens fand ich zwei Collie-Welpen in meiner Garage", erzählt Günter und sieht Joi dabei verliebt an. „Ich habe sie an einen Bauern und an meine Haushälterin gut vermittelt. Wunderschöne Tiere!"

Ich erzähle ihm, dass meine Hündin sich bestens mit Katzen versteht, aber auf das Experiment will sich der Tierfreund lieber nicht einlassen. Wir gehen in seinen Garten, die Bäume sind längst höher als das Haus, ein echter, kleiner Park. „Manchmal grasen hier junge Rehe!" Joi interessiert sich aber mehr für die Kaninchen im Gebüsch. Trotz des zu kalten Mai-Nachmittags tauchen erste Hornissen unter der sich gegen die Wolken durchsetzenden Sonne auf. Sie tanzen im Schwarm auf und ab wie von einer geheimnisvollen Choreografie zusammengehalten und stieben im Nu auseinander.

„Lass uns reingehen", schlägt mein Freund Kunert vor und wir wärmen uns am starken Kaffee. Erika kommt dazu und wir reden drei Stunden über Tiere, Bücher und weniger über Menschen. Die Gastgeber machen der Hündin größte Komplimente und so machen wir uns zufrieden wieder auf den Heimweg. Günter und ich umarmen einander ein wenig wehmütig: „Bis bald in Berlin oder hier!", versprechen wir uns. Ich werde den beiden ein Foto von Joi schicken.

Auf der Rückfahrt höre ich Pergolesis *Stabat Mater*, denke an meine verstorbenen Eltern und Joi und ich fahren unter dem Abendhimmel nach Hause.

In Eckernförde geht es noch einmal an den Strand. Drei Dalmatiner rasen auf meinen Hund zu, die – sie ignorierend – auf einen toten Fisch zusteuert. Ich rufe Joi zu mir und belohne sie. Wir haben uns auf Tauschhandel geeinigt. Lässt sie die aufgestöberte Nahrung liegen, bekommt sie ihren Lohn und das funktioniert sogar manchmal. Die See ist selten so aufgewühlt wie jetzt.

Christoph Klimke

Ein paar Marineschiffe verschwinden am Horizont. Die Wolken sind fort. Ein Flugzeug zieht seinen sich auflösenden Kondenzstreifen hinter sich her. Ich muss an Günter Kunert denken, wie er jetzt an seinem Arbeitstisch sitzt, an einer Zeichnung arbeitet oder ein Gedicht schreibt. Oder einfach nur eine seiner Katzen streichelt, die neben ihm liegt.

Zwei Schwäne schwimmen auf uns zu. Joi zeigt Respekt und versteckt sich hinter mir. „Lass uns nach Hause fahren", gibt sie mir zu verstehen und ich pflichte ihr bei. „Morgen kommt Andreas", verrate ich ihr und das freut uns beide so sehr, dass die sicher schon auf uns wartende zickige Nachbarshündin Jule uns an diesem Abend nicht nerven kann.

Wir kehren noch nebenan im Dorfkrug ein und bei Matjes mit Bratkartoffeln und einem großen Bier leistet mir wie immer meine Freundin Joi Gesellschaft, die von der Wirtin mit einem Stück Sauerfleisch verwöhnt wird. „Morgen schreiben wir Kunert einen Brief und schicken das Foto", mache ich mit Joi aus und die einheimischen Gäste sehen mich ein wenig verwundert an.

Moinmoin!

Einmal große Töle

Christoph Klimke

Nie wollten wir einen kleinen Hund haben und nun macht Joi uns glücklich. Und nie wollten wir einen Schäferhund haben, aber nach Pazzas Tod rief eine Freundin an, die mit Blindenhunden arbeitet, hier gäbe es eine junge, dennoch unbegabte Blindenhündin namens Happy. Unbegabt, weil die stürmische Happy mit ihrem Jagdinstinkt jeden Blinden vor das nächste Auto zerren würde, wenn auf der anderen Straßenseite eine Katze lauert. Das, so sind wir uns schnell einig, werden wir zu verhindern wissen, und so fährt mein Freund, der inzwischen am Schauspiel Bonn engagiert ist und in einem Dachgeschoss am Stadtpark Bad Godesberg wohnt, mit einem Schauspielkollegen in dessen VW-Käfer nach Baden-Württemberg, um die wolfsähnliche, einenhalb Jahre alte Hündin, die gerade von ihrem ersten Wurf entwöhnt wurde, abzuholen. Am Abend kommen die drei in Bad Godesberg an, wir laufen als Erstes durch den Park und Happy, noch an der Leine, knurrt munter alle anderen

Godesberger Hunde an. Kraft hat sie und nur mit Mühe halten wir sie von den Vierbeinern der zumeist alten Damen, die panisch um Hilfe rufen, zurück.

Happy besichtigt Andreas' Wohnung samt Dachterrasse und wird vor dem Käfig von Kaninchen Einstein und Meerschweinchen Andreas sowie den Nymphensittichen Erwin und Gisela ganz nervös. Wir füttern sie, doch das Kleinvieh ist zu interessant. In den nächsten Tagen haben wir unsere Mitbewohner weitervermittelt, denn – wie wir feststellen mussten – Happy duldet aufgrund schierer Eifersucht kein Tier neben sich. Erwin und Giselchen sind eh zu laut – trösten wir uns –, vor allem, wenn sie Morgen für Morgen es miteinander treiben, und Meerschweinchen und Kaninchen in der Wohnung leben auch irgendwie nicht artgerecht. Diese Einsicht haben wir unserem neuen Hund zu verdanken, der sich auch sehr zufrieden mit dem Auszug des potenziellen Frischfutters zeigt. Ist Joi wohl ein Frühlingshund, da sie immer gute Laune hat und verbreitet? Ist Happy der absolute Winterhund? Nicht dass sie missmutig wäre, nein, sie hat zwar ihre Launen, aber wenn das Thermometer mehr als 15 Grad Celsius misst, fängt sie an zu hecheln. Sommer ist ihr ein Gräuel, obwohl sie jeden Tag ihr geliebtes Vanilleeis bekommt und wir aus der stickigen Wohnung hinauf in den Stadtwald gehen. Die Antarktis wäre wohl die richtige Heimat für sie.

Als wir im ersten Sommer in die Schweiz fahren und mit ihr jeden Tag denselben Weg wandern, wälzt sie sich immer auf dem langsam, aber sicher zusammenschrumpfenden, vom letzten kalten Winter verbliebenen Schneefleck und ist glücklich. Und an einem Neujahrstag laufen wir in Berlin um den zugefrorenen Grunewaldsee und Happy springt in das einzige, von Kindern freigehackte Eisloch.

Am ersten Abend in Bad Godesberg gehen wir um die Kammerspiele herum, da hier ihr Herrchen arbeitet, und sie lernt Metzger Vogt mit den guten Ochsenschwanzknochen kennen.

Wir laufen am Rhein entlang, wo unsere Hündin alle Kaninchen jagen will, und kehren schließlich im Restaurant „Redüttchen" ein, um mit Kochschinken verwöhnt zu werden. Und all die Jahre, die Happy in dem Nobelvorort von Bonn verbringt, darf ihr Herrchen eine Mark bezahlen, wenn er den Schinken bestellt. Die Kellner haben längst in der Kasse eine Taste mit „Kochschinken Happy" eingerichtet.

Nach dem „Redüttchen" will Happy zur Griechin, auch wenn es hier nur eine Scheibe Schinken (für 50 Pfennige) gibt, aber den unvergleichlichen Höhepunkt bietet Ria im Edellokal „Maternus", die bald 90-jährig noch Abend für Abend von Tisch zu Tisch tanzt und trinkt. Kaum kommen wir in das Traditionslokal der Politiker der ehemaligen Hauptstadt, ruft Ria schon zu ihrem Koch: „Erwin, einmal große Töle!" und schon bringt der Ober im Livree eine silberne Schale mit feinsten, frischen Rinderfiletspitzen, die Andreas und ich sicher nie zu essen bekommen. Wenn Annemarie Renger, die erste Bundestagspräsidentin, mit ihrem Boxer das „Maternus" betritt und Lachs bestellt, ruft Ria zu Erwin: „Die Annemarie will Lachs. Nimm den guten von hinten! Und einmal große Töle!" Ich glaube, Frau Renger mit ihrem hochtoupierten und mit Spraydosen gegen jeden Sturm gefeiten Haaren ist im Gegensatz zum Boxer mit seinem angenehmen Kurzhaar nicht ganz unschuldig am Ozonloch über Bad Godesberg. Ria ist inzwischen verstorben, unser schwuler Freund Erwin hat das Lokal und die Schulden geerbt und Andreas wohnt jetzt in Berlin, aber wenn wir in der Nähe von Bad Godesberg sind, das „Maternus" bleibt ein Muss! Sauerbraten und Kölsch inklusive.

Natürlich liebten alle am Staatstheater Stuttgart, am Schauspiel Frankfurt und am Frankfurter Theater am Turm, das die CDU hat schließen lassen, Pazza und ihr Herrchen. Nun ist Happy die Hündin am Schauspiel Bonn und sehr gern gesehener Premierengast. Einmal bittet uns ein Schauspieler –

Herrchen des alten Cockerspaniels Flummi –, diesen für eine Nacht zu nehmen. Natürlich kommen wir dem Wunsch nach und mit Flummi und Happy gehen wir auf die Premierenfeier und gönnen den beiden die Köstlichkeiten vom Buffet. Andreas und ich sind wie immer die letzten Gäste und suchen eine Kneipe für den Absacker. Tatsächlich hat noch ein Lokal geöffnet, in dem arabische Gäste Tee trinken, rauchen und vor sich hin murmeln. Wir bekommen zwei Kölsch und zwei Maltheser, da kommt einer der Gäste an unseren Tisch und will Flummi, dem die alten, grau-braunen Ohren schmerzen, gleich streicheln. Kaum berührt der gut meinende Fremde den Kopf unseres Übernachtungsgastes, springt dieser ihn an und beißt ihm ins Gesicht. Verklagen wollte uns der Unvorsichtige und ließ es dann doch. Verklagen wollten uns auch die alten Damen aus dem Bad Godesberger Park, als Happy schließlich im Alter mit Arthrose und Hüftgelenkdysplesie vor sich hin humpelte. Polizei und Amtstierarzt kamen, verstanden aber sogleich den Unsinn. Happys Hausarzt ist ein weiß gekleideter Mediziner, der in jeder Schönheitschirurgen-Vorabendserie die Hauptrolle spielen könnte. Er praktiziert im Villenviertel und redet auch so. Unglaubliche Rechnungen zahlen wir für Lappalien und, bescheuert wie er ist, redet der Doktor unsere Riesenhündin mit „Mäuschen" an. Vielleicht verwechselt er uns aber mit seinen Pelzmantelkundinnen.

Happy ist eine Alpha-Hündin. Sie mag Hunde, die stark sind, egal ob groß oder klein, männlich oder weiblich. Ängstliche Hunde will sie, was keine Kunst ist, gleich unterwerfen. Schnell lernen wir ihr Verhalten kennen und spät schätzen, besuchen mehrere Hundeschulen ohne Erfolg, bis wir sie so lassen, wie sie ist, und einfach nur aufpassen, wann man sie ableinen kann und wann nicht. Wie von selbst erlernt sie die Schauspielerei und spielt die Verschmähte, Ungeliebte, Missachtete und Unterernährte. Sie kann lächeln und beleidigt dreinschauen, betteln und uns ignorieren. Verliebt blickt sie uns an und schaut ganz entsetzt, wenn wir am „Maternus" vorbeizulaufen versuchen. Als im Alter der Tierarzt kein Cortison gegen Schmerzen und Unbeweglichkeit spritzen will, da sie abhängig werden könnte, wechseln wir diesen endlich.

Bei Happys erstem Tierarztbesuch in Berlin-Kreuzberg sitzt uns ein Mann mit einem großen Karton gegenüber. Neugierig schnuppert unsere Hündin, was da wohl verborgen sein könnte. Eine Gans scharrt mit den Füßen auf der Pappe, die Wachhündin dieses Mannes, der in einem Hinterhof seinen kleinen Betrieb leitet: „Sie schlägt sofort an", verrät er stolz, „aber jetzt hat sie Hühneraugen." Happy liebt Gänse vor allem am 24. Dezember, wenn diese im Ofen vor sich hin schmoren. Dann sitzt sie unbeweglich stundenlang vor dem Ofenfenster, schaut in die beleuchtete Röhre und sabbert und sabbert.

Meine Altbauwohnung in der Graefestraße, wo schon Pazza sich wohlgefühlt hat, wird Andreas' und Happys zweite Heimat. In einem der heißesten Sommer lernen wir am Grunewaldsee Lars kennen, den großen, schlaksigen Hundeflüsterer. Er hat mit Leroy, seinem russischen Windhund-Mischling, einen Hundeausführdienst gegründet. Jeden Morgen fährt er mit dem VW-Bus quer durch Berlin, holt seine Kunden ab, läuft mit ihnen um den See, macht zwischendurch Einzeltraining und bringt sie müde und hungrig am Nachmittag wieder nach Hause. Bis zu zehn Hunde vertrauen ihm absolut und ohne Leine. Sanft und sicher, bestimmt, aber mit Ruhe redet er mit ihnen und sie verstehen sich. Das gönnen wir unserer Happy viermal in der Woche. Und jeden Morgen, wenn Lars an der Tür klingelt, kennt sie uns nicht mehr, zumal sie längst die Lieblingsfreundin von Leroy ist. Am Nachmittag kennt sie dann nur noch uns, ihre Dosenöffner und Chef-Streichler. Den ganzen Tag verbringt Happy vergnügt im kühlen Wald am Wasser mit einem Rudel aus Mischlingen, edlen Rassetieren, klein, groß, dick oder dünn.

Natürlich behauptet sie ihren Platz ziemlich oben in der Rangordnung.

Nur mit Geza, einer schweren, weißen Hirtenhündin, mit der sie am Strand minutenlang um die Wette rennt und spielt, gibt es plötzlich Krach. Nachdem Happy Geza mal wieder im Laufen ins schöne Fell gezwickt hat, schnauzt diese ihre Angreiferin einmal kurz und kräftig an. Es ist aus. Nie wieder begrüßen die beiden Hündinnen einander, die sonst immer auf sich zugestürmt sind. Nun ist jede Luft für die andere.

Mit einem Tier leben, erinnert einen an die eigenen Instinkte, an das, was unter der Haut ist und mehr und mehr geleugnet werden soll. Hunde lieben bedingungslos, eine Fähigkeit, die den Menschen abhanden gekommen ist oder die sie wahrscheinlich nie hatten. Einmal sitze ich in meiner Kreuzberger Badewanne und muss heulen, da ich mir solche Sorgen um meinen Freund mache. Happy ist im Wohnzimmer, bemerkt meinen Kummer und beritt den Raum, der für sie immer tabu war. Sie setzt sich neben mich, leckt meine Wangen und Tränen auf, sodass ich noch mehr weinen muss. Das tut gut.

In ihrem Leben hat unser Hund so manche Freundschaft geschlossen, so mit Balou zum Beispiel, einer Mischung aus Wolfsspitz und Chow-Chow, in China übersetzt: „Lecker-Lecker" und offensichtlich für Dortige eine Delikatesse. Doch Balou hat in Bad Godesberg ein liebevolles Frauchen samt Villa und Garten und muss sich keine Sorgen machen. Inzwischen ist er im Garten beerdigt und Happy vom Bonner Tierarzt in Andreas' Armen eingeschläfert worden. Ich konnte nicht dabei sein, was ich mir, wenn ich von Happy träume, bis heute vorwerfe. Dieses Ende ist schrecklich, gehört aber zum Leben mit einem Hund dazu. Schrecklich war auch Freundin Nicole, die wir per Annonce in einer Bonner Zeitung kennengelernt hatten. Sie wollte als Nebenjob mit Hunden Gassi gehen. Nicole erwies sich aber als so manisch, dass sie alles übertrieb, so auch das Ausgehen mit unserem Hund. Happy, eigentlich eine immer menschenfreundliche Hündin, versteckte sich sofort unter der Bettdecke, wenn sie Nicole an der Haustür roch.

Den vielleicht schönsten Winter verbrachten wir in Wewelsfleth an der Elbe nahe Glückstadt. In dem alten Reetdachhaus von Günter Grass kann ich das Alfred-Döblin-Stipendium genießen. Happy ist bei mir und assistiert jeden Morgen und Nachmittag beim Schreiben. Ich arbeite an einem Buch über den spanischen Dichter und Dramatiker Federico García Lorca, den die Frankisten ermordet haben. Er war homosexuell, politisch links eingestellt und zu berühmt, genau wie Pier Paolo Pasolini, der italienische Filmregisseur und Schriftsteller, der mit seinem eigenen Auto von gedungenen Mördern umgebracht wurde. Auch über sein Leben und Werk habe ich gearbeitet. Für beide Autoren gilt, was der Romancier Alberto Moravia auf dem römischen Campo de' Fiori in dem Nekrolog auf seinen Freund Pasolini gesagt hat: „Dichter tötet man nicht!"

Happy ist damit sicher einverstanden, zumal ich mich zu ihr auf den kleinen Teppich neben dem Schreibtisch setze und sie streichle. Draußen schneit es und die kahlen Weiden biegen sich im Wind. Wir gehen raus, erst durchs Dorf und dann die Felder an der Elbe entlang, die hier bereits breit wie ein See ist. Der Schnee fliegt uns waagerecht ins Gesicht und wir können die riesigen Tanker aus aller Welt kaum sehen. Bald ist Weihnachten und Andreas wird uns besuchen. Das wird auch Zeit, sind Happy und ich uns mal wieder einig. Wir holen ihn in Hamburg-Altona ab und fahren am Fluss entlang in das gut geheizte Zuhause. Gans und Co. sind eingekauft, die Geschenke verpackt, Rotweinflaschen entkorkt, nun kann es losgehen und wir kochen und kochen für die nächsten zwei Tage, dann muss der Schauspieler wieder zurück, da er am zweiten Weihnachtstag in *Nathan der Weise* zu spielen hat. Doch ein Anruf vom Schauspiel Bonn erlöst ihn und uns, die Vorstellung fällt aus und Happys Lieblingsherrchen kann bleiben.

Christoph Klimke

Am Heiligabend nach dem Braten mit Klößen und Rotkohl sowie einer Extra-Portion für das Tier kehren wir in der Dorfschänke ein, die sogar an diesem Abend geöffnet ist. Ungewöhnlich für ein so kleines Dorf, aber in Wewelsfleth funktioniert noch eine Werft und englische Arbeiter verbringen hier die Feiertage mit Whiskey und Bier. Der Hündin der Wirtsleute bringen wir ein Schweineohr zum Fest mit und so können alle zufrieden sein.

Mit unseren Hunden fahren wir am liebsten ans Meer. Nicht nur die Spaziergänge am Strand und am Wasser entlang oder durch die windigen Dünen sind für Mensch und Tier erholsam. Wenn wir uns eine Pause gönnen und uns in den Strand nebeneinander setzen und legen, sehen wir jeder für sich auf das Meer hinaus. Still sind wir und hören dem ewigen Hin und Her des Wassers zu. Der Hund reckt die Nase in die Luft, nimmt Witterung auf und verfolgt mit dem Kopf eine luftige, für Menschen unsichtbare Spur. Hunde sehen, was wir nicht sehen können, und riechen und hören diese unbekannten Wesen. Dann legen sie den Kopf wieder ab und rücken nahe und ganz im Vertrauen an uns heran. Gleich entspannen sie, räkeln sich, die Augen fallen zu und ihr Traum beginnt.

Oft träume ich von Happy und meist schneit es dann. Wir laufen durch den Wald; auf einer Lichtung liegt ein totes Tier. Jemand hat diesen Fuchs geschossen, das Fell ist noch warm, der Kopf liegt auf der Seite. Plötzlich ist es Sommer und heiß. Auf dem Auge des Fuchses sitzen große, schwarz glänzende Fliegen. Ein Flugzeug durchschneidet die Stille. Der Wald dampft vor Hitze. Im Gebüsch raschelt es. Happy passt auf mich auf. Ich lege ein Ohr an die halb offene Schnauze des Fuchses. Die Zunge hängt heraus und eine rote Spur versickert im Grünen. Er atmet. Ich stehe auf, Happy ist fort. Der Fuchs ist mein Hund.

Träume sind selten unbeschwert und oft wünsche ich mir, wenn ich abrupt vor Angst aufwache, ich könnte sie fortsetzen. Aber was wissen wir von den Träumen unserer Hunde?

Wenn sie da liegen, beginnen im Schlaf ihre Pfoten wie um die Wette zu rennen. Sie atmen unruhig, geben leise Töne von sich und werden immer hektischer. Dann streicheln wir sie leise und vorsichtig, bis sie sich beruhigen. Ich bin sicher, Happy hat oft von Andreas und mir geträumt und natürlich auch von uns Unbekannten. Solch ein Tier lebt nicht nur in unseren Erinnerungen weiter; ich sehe sie oft vor mir und weiß um sie. Heute Nacht will ich von Happy träumen. Heute Nacht bin vielleicht ich der Fuchs.

Eine weiße Katze

Sarah Mondegrin

Er wünschte sich eine weiße Katze.

„Denk daran, dass weiße Katzen oft blind sind", sagte Ed beim gemeinsamen Frühstück und goss ihm noch eine Tasse Tee ein. Eigentlich mochte er keinen Zitronen-Verbenen-Tee, aber Ed war der Ansicht, dieser Tee sei gut für ihn. Ed trug die hellblaue Joggingjacke, die ihm so gut stand. Ed war auch schon durch den Wald gejoggt und hatte auf dem Rückweg Croissants geholt. Sein Freund hatte ihn gedrängt, mit nach draußen zu gehen. Er solle aufpassen, er würde seit einiger Zeit dazu neigen, pummelig zu werden. Ed würde nie pummelig werden, dazu sprang er viel zu hektisch in der Gegend herum.

Seit sie verpartnert sind, ist Ed noch besserwisserischer geworden. Erstaunlich, dass das möglich war. Aber Ed hatte viele andere Vorzüge und er liebte ihn von Herzen. Trotzdem, es war gut, dass sie immer noch ihre getrennten Wohnungen hatten, wenn auch im selben Haus. Die cremefarbene Gründerzeitvilla im Grunewald war wunderschön, leider aber auch sehr kostenintensiv. Er hätte gern etwas weniger Patienten behandelt, doch seit der Hypothek war daran nicht mehr zu denken.

„Was weißt du schon über weiße Katzen, Ed", sagte er gereizt. Er riss sich zusammen, auch wenn er am liebsten die Augen verdreht hätte, etwas, das Ed hasste. Sein Mann erinnerte ihn immer mehr an das, was er neulich bei Wikipedia über den Charakter der türkischen Van-Katze gelesen hatte: intelligent, lernfähig, sehr aktiv und „redselig". Sie verfüge, hatte dort gestanden, über eine kräftige, ausgeprägte und melodische Stimme. Außerdem sei sie gesellig, äußerst besitzergreifend und fordere Aufmerksamkeit. Besonders der letzte Satz hatte auf Ed gepasst: „Zu ihrer Bezugsperson hat sie meist ein besonders intensives Verhältnis und sucht stets deren Nähe."

Dass Ed mehr von Hunden hielt, war ihm sowieso klar. Sein kleiner schwarz-weißer Hund – ein Terrier wie bei Tim und Struppi – saß auf der Fensterbank und sah starr in den fallenden Schnee hinaus. Zwischen den Pfoten tauten gerade die Eisklümpchen ab und bildeten kleine Seen. Eine Katze hätte sich natürlich schon längst geputzt. Aber so weit ging die Identitätskrise des Hundes leider nicht. Er war davon überzeugt, dass Eds Hund sich manchmal für eine Katze hielt, vielleicht, weil eine dicke norwegische Waldkatze seine Ziehmutter gewesen war, aber diese Theorie behielt er besser für sich.

Er scharrte die Croissantkrümel auf seinem Teller zusammen und pickte sie mit dem Zeigefinger auf.

„Taub, meinst du, Ed. Weiße Katzen sind oft taub, aber nur die mit blauen Augen. Erst neulich habe ich ein Foto von einer wunderschönen weißen Van-Katze gesehen, ihre Augen waren verschiedenfarbig, das eine blau, das andere gelb."

„Und? War sie dann auf der Seite mit dem blauen Auge taub? Haben sie dazu auch was geschrieben?" Ed schaute ihn triumphierend an. „Taub, blind – ist doch egal!"

Er stellte seine Tasse mit dem Zitronen-Verbenen-Tee, den Ed morgens so gern trank, etwas zu laut auf die Untertasse zurück, einem Erbstück von Eds Mutter.

„Nein, ist es nicht! Taub oder blind – das ist ein großer Unterschied! Wenn du taub wärst, könntest du mich nicht hören – und wenn ich blind wäre, könnte ich dich nicht sehen! Was ist dir lieber?"

Ed lächelte und verweigerte die Auskunft. Als Anwalt kannte er sich mit allen möglichen Spitzfindigkeiten aus und genoss das. Am Abend gab es schon wieder einen dieser amerikanischen Gerichtsfilme im Fernsehen, die sah sein Mann am liebsten. Er fand – im Gegensatz zu Ed – das Gegockel der Serienanwälte in ihren Armani-Anzügen einfach nur langweilig.

„Du willst eine weiße Katze ... Warum denn ausgerechnet weiß? Wenn die rausgeht – das soll sie doch wohl –, dann wird deine Mieze doch dauernd schmutzig!"

„Katzen sind sehr saubere Tiere!", fauchte er, entsetzt von seinem eigenen Ton. Wieder einmal war es schon am frühen Morgen so weit, dass sein eigener Mann ihn emotional hochgekocht hatte, weit jenseits seiner Wohlfühl-Betriebstemperatur. Und er brauchte diese Wohlfühl-Betriebstemperatur, sie war – das wusste er genau – sein größtes Betriebskapital. Die Patienten spürten es sofort, wenn er gereizt oder angespannt war, nein, er konnte sich solche emotionalen Entgleisungen einfach nicht leisten.

„Katzen sind viel sauberer als dein Hund!"

Er warf einen Blick auf den Hund, von dem er genau wusste, dass der ein schlechtes Beispiel war. Lucky, der Terrier, war immer ziemlich sauber, das hätte er unter anderen Umständen auch jederzeit zugegeben. Aber, wenn er ehrlich war, er hatte genug von Hunden! Sie waren allgegenwärtig. Überall drängten sie sich bellend und winselnd hinein, überall tauchten sie unaufgefordert auf. Drei seiner Patienten hatten sich gerade in das Thema verbissen und gleich würde er sich mit der suizidalen Patientin wieder darüber auseinandersetzen müssen, welche Rolle der depressive belgische Schäferhund in der zerrütteten Ehe ihrer vor 15 Jahren verstorbenen Eltern gespielt hatte. Er sah demonstrativ auf die Uhr.

„Ich muss gehen. Der potenzielle Bilanzsuizid erwartet mich!"

Ed schüttelte den Kopf. „Hat sie die Bilanzen gefälscht und erwägt ihren Freitod? Du weißt doch, dass du solche Geschichten außerhalb deines Behandlungszimmers gar nicht erwähnen darfst!" Sein Freund legte den Kopf in den Nacken und lachte herzlich.

„Du wirst mich schon nicht bei der Psychotherapeutenkammer verpfeifen, was?", sagte er. „Außerdem geht es bei der Bilanzsuizidalität eher darum, dass jemand die Bilanz seines eigenen Lebens zieht und daraus folgert, es sei das Beste, Schluss zu machen."

„Mein armer Schatz!", sagte Ed und gab ihm einen seiner unangenehmen Großer-Bruder-Küsse. Auf solche gönnerhaften Zärtlichkeiten konnte er verzichten. „Und überleg dir das noch mal mit der weißen Katze, sonst brauchst du noch einen Blindenhund für sie!"

Er biss die Zähne zusammen. Sein Liebster ging ihm wirklich auf die Nerven. Er hatte von ihm genauso die Nase voll wie von den Hunden in der Psyche seiner Patienten.

Während er die Treppe hinunterging, ließ er die Finger über den cremefarben gestrichenen Handlauf des Geländers gleiten. Dieses Haus erinnerte ihn häufig an eine zerbrechliche und dennoch äußerst stabile Muschel aus glänzendem Perlmutt. Er liebte dieses gemeinsame Zuhause, das ihnen beiden jedoch genug Rückzugsmöglichkeiten bot.

Seine kleine Wohnung lag im Hochparterre. Noch sechs Wochen bis zur Weihnachtspause, er war wirklich urlaubsreif. Der Schnee war in diesem Jahr ungewöhnlich früh gefallen und irgendwie hatte er das Gefühl, dass es klüger gewesen wäre, Weihnachten vorzuverlegen. Seit über zwanzig Jahren arbeitete er nun schon als Psychotherapeut – und in diesen Jahren hatte er nichts so sehr schätzen gelernt wie die Stille.

Wenn er sich wirklich eine weiße Katze aus dem Tierheim holte – und das hatte er fest vor, auch wenn Ed sich auf den Kopf stellte –, dann würde es auf keinen Fall eine Siamkatze sein, die waren viel zu geschwätzig. Seine Eltern hatten Siamkatzen gehabt, als er klein war – seine Mutter hatte sie sogar recht erfolgreich gezüchtet. Es gab zahlreiche Kinderfotos von ihm, umringt von blauäugigen, mocca-gesichtigen Siamkatzen. Eine Zeit lang hielt er sie sogar für seine Geschwister. Er war ein Einzelkind gewesen, umgeben von Siamkatzen. Manchmal hatte er sich in den großen Korb der Siamkatzen zurückgezogen und dort, den Teddy fest in den Arm gedrückt, sein Mittagsschläfchen gehalten. Wenn er aufwachte, schaute er in die blauen Augen der Siamkatzenmutter und wenn sie ihre Jungen ableckte, hatte sie seine kleine pummelige Kinderhand mit ihrer Raspelzunge auch freundlich abgeleckt.

Seine Eltern hatten – so war es ihm zumindest manchmal vorgekommen – mehr Aufmerksamkeit und Pflege in die Siamkatzen-Zucht investiert als in ihn. Doch das bot Vorteile. Mit all den Siamkatzenbabys war er einer unter vielen und seine Mitschüler wollten ihn dauernd besuchen, weil sie es liebten, die Kätzchen zu streicheln und ihnen beim Spielen zuzuschauen.

Die Siamkatzenzucht war seinen Eltern ein wichtiger Zuverdienst, denn sein Vater war aus dem Zweiten Weltkrieg mit nur einem Bein zurückgekehrt und hatte vor Stalingrad ein Kriegstrauma erlitten. Der Vater war psychisch einfach nicht mehr belastbar gewesen. Vielleicht hatte er deshalb unbedingt Psychotherapeut werden wollen – denn er wusste aus eigener Erfahrung, wie schwierig das Zusammenleben mit einem Menschen war, dessen Seele durch die grausamen Umstände des Lebens zerstört worden war. Zur Zeit seiner Kindheit hatte das Kriegsende gerade mal zwei Jahrzehnte zurückgelegt. Seine Eltern lebten von der Versehrtenrente und dem, was seine Mutter in einer Heißmangel dazuverdiente. „Du sollst es einmal besser haben!", war eine ihrer häufigsten Redensarten. Und, hatte er es besser?

Er schaute auf die Uhr. Es war Zeit, in die Praxis hinüberzugehen, die suizidale Patientin würde gleich klingeln. Er hatte ihr dringend angeraten, eine Krisenstation aufzusuchen, doch bisher hatte sie solche Überlegungen immer abgeblockt.

Für einen kurzen Moment, während er die wenigen Schritte zur Praxis hinüberging, gestattete er sich wieder den Gedanken an die weiße Katze. Sie würde schön sein, still und anmutig – wie eine Schneeflocke. Er stellte sich das Geräusch ihrer krallenbewehrten Pfoten auf der Katzenleiter vor, wenn sie – von seinem Schlafzimmer aus – in den Garten hinunterklettern würde. Er hatte sich extra bei einem Schreinerkurs für Kleinmöbel angemeldet, um diese Katzenleiter zu bauen. Die körperliche Arbeit hatte ihm gutgetan. Und die Katzenleiter hatte er gestern bereits angebracht. Sie lag voller Schnee. Er stellte sich vor, wie er die Pfötchenabdrücke seiner Katze auf der Katzenleiter sehen würde. Dann schloss er die Tür zu seiner Praxis auf.

Einige Tage später war es endlich so weit. Er öffnete den Transportkorb und die Katze kam vorsichtig heraus. Sie war nicht ganz weiß. Sie hatte eine kleine schwarze Zeichnung auf dem Bauch und einen winzigen schwarzen Punkt auf dem Schwanz. Sie schaute aus ihren gelben Augen skeptisch zu ihm herauf.

„Hier bist du jetzt zu Hause", sagte er leise und sanft. Er wollte sie nicht erschrecken.

Sie legte ihren buschigen Schwanz um ihren Körper. Vielleicht hatte es tatsächlich eine türkische Van-Katze in ihrer Ahnenreihe gegeben. Ihre ganze Körperhaltung drückte Reserviertheit aus. Im Tierheim hatte man ihn gewarnt, dass sie die ersten Tage vielleicht unter dem Sofa verbringen würde – statt darauf.

Die liebenswürdige Tierpflegerin hatte ihm in schwerem Sächsisch erzählt, dass die Katze Schlimmes erlebt haben musste.

„Wir haben sie in der völlig verwahrlosten Wohnung eines demenzkranken alten Mannes gefunden", sagte sie. „Die Nachbarn haben die Polizei gerufen, weil es aus der Wohnung so furchtbar stank. Die Katze – wollen Sie das wirklich wissen? – hat neben der Leiche des Mannes gesessen."

„Ich bin schlimme Geschichten gewöhnt", hatte er die Tierpflegerin beruhigt. „Ich bin Psychotherapeut – und ich nehme die Katze, egal, was sie für einen Hintergrund hat. Wie alt ist sie eigentlich?"

„Oh, wir schätzen, nicht mehr als zwei Jahre. Sie hat noch ein langes und hoffentlich ab sofort glücklicheres Leben vor sich. Haben Sie denn Erfahrung mit Katzen?"

Er nickte und erzählte von seiner Kindheit mit den Siamkatzen und davon, dass er oft bei Geburten der Katzenmütter dabei gewesen war.

Die Tierpflegerin lächelte. „Nun, das ist gut … denn … es gibt da noch etwas … Wir vermuten, dass die Katze trächtig ist. Wäre das ein Problem für Sie?"

„Sie ist schwanger? Aber …" Er schluckte. „So habe ich mir das eigentlich nicht vorgestellt. Mein Lebensgefährte und ich, wir hatten etwas Mühe, uns darauf zu einigen, dass jetzt noch eine Katze zu uns kommt … und einen Terrier gibt es auch schon im Haus."

„Ach, mit Hunden hat sie keine Probleme, da kann ich Sie beruhigen. Das haben wir alles getestet. Und die Welpen, die könnten Sie später auf Kosten des Tierheims sterilisieren lassen. Wir könnten Ihnen auch bei der Vermittlung helfen und uns am Futter beteiligen."

Ihre Stimme war recht eilfertig geworden, bemerkte er missbilligend. Sie gab sich offenbar Mühe, ihren Redefluss zu stoppen. „Sie wollen sicher noch mal ganz in Ruhe über alles nachdenken?"

Die weiße Katze hatte ihn aus ihren gelben Augen angeschaut, ganz ruhig und völlig gelassen. Von ihr ging eine geheimnisvolle Würde aus und sie war so schön wie ein Traum. Er wusste, es hatte überhaupt keinen Zweck, weiter über irgendwelche Sachfragen nachzudenken. Es gab nichts mehr zu überlegen. Diese Katze gehörte zu ihm und er zu ihr.

„Um das Geld geht es nicht", sagte er zu der beflissenen Tierpflegerin. Er hatte es etwas zu scharf gesagt, aber – mein Gott! – er war es so von Herzen leid, jedes seiner Worte auf die Goldwaage legen zu müssen. Wenigstens in seiner Freizeit wollte er auch mal locker lassen können!

Die weiße Katze schien ihn höflich anzulächeln. Und von dem Moment an wusste er, dass er ab jetzt nur noch Patienten ohne Katzenhaarallergie haben würde. Die Katze und er, sie würden gemeinsam in der Praxis sein und – darauf lief es ja wohl hinaus – noch das eine oder andere Katzenkind.

„Ich nehme sie gleich mit", hatte er gesagt. „Ist das möglich?"

Nach einer Woche hatte die Katze noch immer keinen Namen, aber sie wusste offenbar genau, wo sie ihre Jungen zur Welt bringen wollte. Als er vom Einkaufen zurückkam, hatte sie sich im Kleiderschrank bei seinen besten Saunatüchern ein gemütliches Nest gebaut.

„Das geht so nicht, Mondi!", sagte er streng.

Bis vor einer Sekunde hatte er noch nicht gewusst, dass seine Katze Mondi heißen würde – und nun war ihm der Name einfach so über die Lippen gerutscht.

Mondi ignorierte ihn und begann – laut schnurrend – das erste Katzenbaby auf seinem Lieblingshandtuch zu gebären. Es dauerte nur wenige Minuten, bis es patschnass in seiner Fruchthülle dalag. Sie leckte es ab und fraß die Nachgeburt. Das kleine Tier war kohlrabenschwarz.

Das Brotsofa

Sarah Mondegrin

Sie liebte das Brot so sehr, dass ich ihr ein Sofa gebacken hätte, aus reinem Roggenvollkorn. Und ihren Katzen, denen hätte ich kleine Sofas aus knusprigem Brekkies-Teig geformt, Seefisch-Mandel, das mochten sie am liebsten.

Im Fressnapf-Supermarkt gab es diese Sorte selbstverständlich nicht, nur in den kleinsten, verstecktesten Katzenbedarfsläden der Bretagne. Wenn Seefisch-Mandel nicht zu haben war, fraßen Nicole und Brigitte (bitte französisch ausgesprochen) aber auch Sensibel 33, für Katzen mit empfindsamer Verdauung. Das stand sogar auf Holländisch auf der Packung: *„Voor katten met een gevoelige spijsvertering"*. Das traf sich gut, denn Brigittes Mutter war eine holländische Schiffskatze gewesen, eine schwarz-weiß-rote Glückskatze, die auf den Schultern des Kapitäns durch die Grachten von Amsterdam gesegelt war.

Sie liebte das Brot so sehr, sie, die Frau, nicht die Katze, dass ich ihr ein Sofa gebacken hätte, aus reinem Roggenvollkorn. Ich träumte von ihr. Unentwegt. Wenn ich schlief, dann sah ich sie in grobkörnigen farbigen Traumbildern, wie auf alten Super-8-Filmen aus den Siebzigern. Und wenn ich wach war, dann glaubte ich, sie ginge in meinen Träumen spazieren. Mein Leben war zu einer Wiederholung geworden und ich genoss jeden einzelnen Augenblick. Aber leider war da dieses Surren und Springen der Libellen in meinen Traumsequenzen und die Libellen hatten die Farbe – wenn auch nicht das Ausmaß – von Löwen.

Außerdem wäre ich gern in Wellen um sie geschwommen, an einem Mittwoch im August. Ich badete in Limerenz, einer fast schon pathologischen Form heftiger Erstverliebtheit. Doch sie sprach nur von japanischen Matrosinnen. Wie zart sie seien, wie sie die Handtücher schulterten, wenn sie zur Dusche eilten. Abgesehen davon wünschte sie sich nichts mehr als einen fußballfeldgroßen Garten mit Dahlien und Zinnien. Dort konnte ich sie übrigens sitzen sehen, eine schmale Gestalt inmitten der roten Zungen der imaginären Blumen. Sie hatte ihre Brille abgenommen und Nicole, die schwarz-weiß-gefleckte Kuhkatze, streckte das Pfötchen aus und spielte mit den Brillenbügeln, als wäre die Brille eines der überdimensionierten Insekten, die Nicole so gerne fing und fraß.

Ich stellte mir vor, wie wir in warmen Nächten – eigentlich wäre von nun an immer August – nur von einem Laken bedeckt auf einem breiten Bett lagen, während Nicole hinter der Kommode mit knackenden Kiefern eins der Untiere verspeiste. Da ich noch nie in der Bretagne gewesen war, stattete ich das Schlafzimmer, das Schauplatz meiner überhitzten Fantasien war, mit einem übergroßen Ventilator aus – wie in einem dieser Schwarz-Weiß-Filme aus den Fünfzigern. Damals glaubte ich, dass es in der Bretagne Insekten ungeheuren Ausmaßes gab. Dabei waren dort nur die Blumenkohlköpfe und die Artischocken auf den überdüngten Feldern groß. Im Schlafzimmer roch es nach Salz, das in Rufweite aus dem Meer destilliert wurde, um später in hübsche Packungen für die Touristen abgefüllt zu werden. Darüber hinaus muhten Kühe auf nächtlichen Wollgraswiesen im Mondlicht.

Die Limerenz hatte – wie unschwer zu erkennen – meine Sinne benebelt. Sie, die Frau, nahm indes ungerührt der verblüfften Nicole die Brille weg. Sie legte sie ins Brillenetui, verschloss es und wickelte ein Hustenbonbon aus, das die Farbe von November hatte. Gleich würde hier die Sonne untergehen, dachte ich, und selbstverständlich begänne in Berlin gleich hinter Tempelhof-Schöneberg das Meer.

Brigitte umschnurrte meine Wade, presste ihr Köpfchen gegen mein Bein. Wenigstens sie hatte mich als ihr Eigentum markiert, das wäre doch wenigstens ein Anfang.

Vorgestern Nacht hatte ich – im Traum – sogar ihren Nacken geküsst. (Nicht den von Brigitte.) Zwischen den Schulterblättern schmeckte sie nach feinsten Croissants, wie sie die Bäckerin in Cap Frehel im fernen Finistère mit morgendlichem Schwung verkaufte. (Das hatte ich in einer Doku auf Arte gesehen.)

In der Realität, im metallischen Schwertschlag des Jetzt, wurde nun der Hund ihrer Ex-Freundin von der Hundetrainerin abgeholt. Sie arbeitete zwar zu Hause, doch der Hund brauchte mehr Auslauf, als sie ihm derzeit bieten konnte. Ich fand es erstaunlich, dass sie für den Hund ihrer Ex-Geliebten sogar eine Hundetrainerin engagierte.

Erwin war eine wuschelige Promenadenmischung mit buschigen Augenbrauen, der immer nach toten Kaninchen müffelte, in denen er sich mit Vorliebe wälzte. Erwins Ohren hatten allerdings Dackelformat, und wenn Erwin traurig war – was häufig der Fall war, denn er schien die Frau zu vermissen, über deren Abwesenheit ich nicht froher hätte sein können –, wenn Erwin traurig war, dann hingen diese schwarzen Ohren herab wie die Lockenpracht auf dem Porträt von Albrecht Dürer aus dem Jahre 1500.

Wenn ich nicht so limerent gewesen wäre, hätte mich Erwins Anwesenheit im Haushalt meiner potenziellen Geliebten stutzig machen müssen. Allerdings hatte ich schon von dem Phänomen der tierischen Scheidungswaisen auch in gleichgeschlechtlichen Partnerschaften gehört. Immerhin ging ich in meiner Fantasie nicht so weit, ein Sofa für Erwin backen zu wollen, was vielleicht damit zusammenhing, dass ich es aus Pansenfrikadellen hätte fertigen müssen, denn das war Erwins Leibspeise. Wem jemals eine Pansenfrikadelle vor die Nase gekommen ist, wird verstehen, dass man daraus kein Sofa für den Hund der Geliebten backen möchte.

Einer Laune folgend hatte ich bei Google gestern „Hundeleckereien Pansenfrikadellen Schlund" eingegeben. Woraufhin Google mich ermahnte: „Vergewissern Sie sich, dass alle Worte richtig geschrieben sind" – und nein, es gab keine Treffer.

Ich sah Erwin und der Hundetrainerin nach und musste unwillkürlich lächeln, denn Erwin umsprang die Hundehüterin aufgeregt kläffend, als sie die Tür des Hundeauslauf-Busses zurückschob. Erwins Betragen war schlecht, aber die Hundetrainerin – eine erstaunlich gutaussehende Frau Ende dreißig mit kastanienfarbigem Haar – war angenehmerweise nicht von der super-zackigen Sorte. Bisher hatte ich mir Hundetrainerinnen immer als untersetzte Moppelchen mit schmuddeligen Cargohosen vorgestellt.

Drinnen warteten schon Erwins Kollegen: eine würdevolle Riesendogge, zwei Möpse, die jeden Morgen mit ihren ledrigen Gesichtchen die Scheibe besabberten, und ein uralter Schäferhund, der herzkrank aussah, aber sich trotzdem eine Grundfröhlichkeit bewahrt hatte. Vielleicht kam mir das aber auch nur so vor, weil er meistens die Zunge heraushängen ließ, was seine Maulwinkel optisch nach oben zog.

Ich spähte durch die frischgeputzten Scheiben des ebenerdigen Büros nach draußen und vergewisserte mich, dass der Hundebus wirklich abfuhr. Ein neuer Arbeitstag hatte begonnen. Sie hatte mir schon oft gesagt, dass wir ihrer Meinung nach wunderbar zusammenarbeiteten, und das neue Projekt ging gut voran. Ich fand, in der Welt solle es noch mehr geben als Projekte, und ich wäre gern mit ihr vom Büro in einen anderen Raum des Hauses gewechselt.

Die Hundetrainerin setzte sich hinter das Steuer des Kleintransporters. Sie trug ein Hemd mit Rosenmuster und winkte mir herzlich zu. Ich winkte zerstreut zurück. Mich konnte sie ja wohl kaum gemeint haben, oder?

Dann nahm ich die Druckfahnen vom Tisch, um Platz zu schaffen für die heißen Schalen mit Milchkaffee. Den Schaum hatte ich mit Zimt bestäubt. Sie hatte einmal erwähnt, dass sie das gern mochte, und seitdem wartete ich jedesmal auf eine Bestätigung, dass ihr der Kaffee besonders gut schmeckte. Es hatte auch eine Nacht gegeben, wo sie – ein einziges Mal – geduldet hatte, dass ich nach einem besonders langen Arbeitsabend bei ihr blieb. Seitdem hoffte ich, dass sich so etwas noch einmal wiederholen würde. Die Tiere hatten in der Küche bleiben müssen. Manchmal hatten wir die Katzen anklagend miauen hören und sie war mitten in der Nacht aufgestanden, um Nicole und Brigitte mit einer Extra-Portion Brekkies Seefisch-Mandel zu beschwichtigen. Der Hund hatte die Gelegenheit genutzt, ins Bett zu springen.

Doch am nächsten Morgen hatte sie so getan, als wäre weiter nichts vorgefallen. War es da ein Wunder, dass ich – limerent, wie ich war – an meinem Verstand zweifelte?

Als sie jetzt aus dem Badezimmer kam, hielt ich es nicht mehr aus. Vorsichtig streifte ich ihr das Handtuch ab – doch sie wollte nur einen Text nach überflüssigen Kommas durchkämmen. Sie zog sich sachlich ein Leinenhemd über den Kopf und nippte flüchtig an der mit Zimt bestäubten Milchschaumhaube auf dem Kaffee. Für einen Moment blieb etwas von dem Schaum auf ihrer Oberlippe haften. Sie hob den Handrücken, wischte sich über den Mund und griff nach ihrem Rotstift.

Limerent, aber resigniert dachte ich an einen anderen Traum, in dem ihre runden Schultern vor Sonnenöl geglänzt hatten, während die Dahlien hungrig nach Beachtung schrien. Im Garten waren die Gießkannen aufgereiht gewesen und ich hatte mich bei dem Gedanken ertappt, eine der Gießkannen – eine fette, fröhliche, rot-weiß-gestreifte – erschießen zu wollen. Aber irgendwie – wie es in Träumen so ist – war mir die Munition ausgegangen und die Gießkanne zu erdolchen, war mir zu blöd. Zu Füßen der Rosen quakten die Frösche und die von mir verklärte Frau las in einem historischen Roman über die Geschichte der osteuropäischen Wolken.

In unserer gemeinsamen Realität war sie voller Bedenken. Sie mochte mich sehr, das spürte ich. Doch ihre Abwehr war größer als ihre Zuneigung. Ich stellte mir ihre Einwände gegen unsere Affäre wie Felsen vor. Ich nannte sie die drei großen Aber.

Die drei großen Aber umstanden sie wie Felsgestein – und in deren kühlem Schatten würde sie alsbald ermüden und schließlich einschlafen wie eine von ungewohnten Exerzitien erschöpfte Nonne.

Aber sie brauchte Zeit.

Aber sie wollte keine Leidenschaft.

Aber sie hätte doch gern ein Sofa aus Roggenbrot und darauf würde sie erwägen, sich der anderen beiden Aber zu entledigen. Mir entging die Ironie mit dem Sofa nicht und ich dachte mehr als flüchtig an Herrn Dr. Freud.

Am Abend dieses Arbeitstages fuhr ich nach Hause und wusste, dass ich nicht länger untätig bleiben konnte.

Ein Sofa aus Roggenbrot zu backen, wäre aber weiter nicht schwierig. Ich habe es schließlich in meinem Garten gebacken. Dort gab es einen großen Gemeinschaftsofen, der mit Holz geheizt wurde. Es wurde ein hübscher Zwei-Sitzer mit einer niedrigen Lehne und ich habe sogar als Dreingabe kleine Kissen aus Pumpernickel gebacken. Als das Sofa fertig war, zog ich es aus dem Ofen und mit Hilfe meiner Nachbarin Frau Bär lud ich es in meine Kastenente. Frau Bär trug heute eine karierte Schürze und sah zum Anbeißen aus. Ihr wolliges Haar stand ihr noch mehr zu Berge als sonst. Es war Dienstagmorgen. Ihre Älteste schrieb eine Matheklausur, erzählte mir Frau Bär mit haspelnder Stimme. Die Sorge um den schulischen Erfolg ihrer Tochter hatte die Wangen meiner Nachbarin gerötet.

Zwanzig Minuten später kam ich vor dem Haus an, in dem sie wohnte, sie, für die ich das Sofa gebacken hatte. Und natürlich auch die beiden Minisofas für Nicole und Brigitte – sehr putzig anzuschauen und nach Brekkies, Geschmacksrichtung Seefisch-Mandel, duftend. Die bretonischen Brekkies hatte ich aus dem Internet bezogen.

Sofort sah ich, dass etwas nicht stimmte. Alle Fenster waren geschlossen und aus dem Büro erklang laute Musik. Bach dröhnte mit scheppernden Blasinstrumenten – so wie ich ihn gar nicht kannte. Nach längerem Klingeln öffnete mir schließlich die Hundetrainerin mit verärgertem Gesicht. Neben ihr saß Erwin und ließ die Ohren hängen. Schwarz und seidig lagen sie auf seinen abfallenden, pfeffer-und-salz-melierten Schultern auf. Dann ließ er sich zurückfallen und begann sein linkes Bein abzulecken und hineinzubeißen, scheinbar auf der Suche nach Flöhen.

Wo war der Hundebus? Und wo, um alles in der Welt, war sie? Sie, für die ich das Sofa gebacken hatte? Es war noch warm!

„Wollen Sie auch erst mal einen Kaffee?", fragte die Hundetrainerin. Ihrer Stimme war anzumerken, dass sie meistens mit Hunden sprach. Ich folgte ihr in die chromblitzende Küche, wo alle Katzennäpfe verschwunden waren.

Die Hundetrainerin deutete auf einen Stuhl und ich machte gehorsam Platz.

Draußen im Auto wartete das Sofa aus Roggenvollkorn. Es hatte so betörend geduftet, dass ich mich kaum auf die notwendigsten Verkehrsregeln konzentrieren konnte. Während ich wuschig durch die Straßen zwischen unseren Häusern steuerte, potenzierte es unentwegt meine Illusionen, wie berauschend es sein würde, wenn sie – sie! – sich endlich ihrer Bedenken entledigen würde, und was dann geschehen würde. Einerseits wollte ich es mir in allen Einzelheiten ausmalen und tat es – andererseits wollte ich mich zurückhalten und tat auch das. Die Limerenz mit allen ihren Nebenwirkungen hatte ich schon längere Zeit nicht mehr ausgekostet. Alle Zugbrücken zur Vorsicht waren hochgezogen. Nun stand ich da mit dem großen Roggenvollkorn-Sofa im Auto. (Und den kleinen Mini-Sofas aus bretonischen Seefisch-Mandel-Brekkies.)

Im Haus waren alle Blumen verblüht und verwelkt, bemerkte ich plötzlich. Und die Fotos von den japanischen Matrosinnen waren fort. Ebenso wie der Kratzbaum von Nicole und Brigitte.

Vom Herd her roch es nach Kaffee. Die Hundetrainerin hantierte mit dem Milchtopf, als ob sie hier zu Hause wäre. Aus der linken Hosentasche hing eine Hundeleine heraus.

Die Hundetrainerin trug heute ein Oberteil mit einem eckigen Rückenausschnitt in einem eleganten Rostrot. Es hätte besser auf eine Gartenparty gepasst als zu einem Arbeitstag am Grunewaldsee. Vielleicht hatte sie heute frei?

Ich trat näher, um ihr die Kaffeetassen abzunehmen. Überraschenderweise roch sie nach Veilchenpastillen und ein wenig nach Schweiß. Ich stellte fest, dass ich ihren Geruch mochte. Sie drehte sich um und lächelte mich etwas resigniert an.

„Ich habe ein Sofa gebacken", sagte ich unvermittelt. Staunend hob sich die linke Augenbraue der Hundetrainerin. Wir hatten uns einander noch nie mit Namen vorgestellt. Ich trank einen Schluck Kaffee, der gut schmeckte, stark, besser, als sie ihn zu machen pflegte, wenn sie ihn mal machte, denn das Kaffeekochen blieb ja meistens an mir hängen, ebenso wie das

Staubsaugen und das Abwischen der Tische, die meistens voller Katzenhaare waren. Für sie war ich wohl einfach eine bequeme Kollegin gewesen, die sich gern um alles kümmerte und ihr den Kopf freihielt. Meine Limerenz war für sie doch nur eine lästige Begleiterscheinung gewesen.

Ich dachte an das frischgebackene Sofa in meinem Auto. Ob es zu spät war, nach dem Namen der Hundetrainerin zu fragen?

Es schien für alles zu spät. Der Sommer würde bald vorbei sein und im Supermarkt boten sie schon wieder Lebkuchen an. Manchmal hasste ich das Land, in dem ich lebte, mit einer solchen Intensität, dass es erschreckend war.

Die Hundetrainerin mir gegenüber strich sich nun das Haar aus der Stirn. Sie sah so aus, als würde sie mir gegenüber nach Worten suchen, und plötzlich machte mir das Angst. Ich vermisste das Schnurren von Nicole und Brigitte, aber ich wagte nicht zu fragen, wo sie geblieben waren.

Und trotzdem war da diese Wärme. Ein emotionaler Temperaturunterschied, der die Küche atmosphärisch veränderte. Die Hundetrainerin schien mich sympathisch zu finden. Vielleicht erinnerte ich sie ja an einen leicht lernunwilligen, aber herzensguten Labradormix, einen, der immer wieder ins Wasser sprang, obwohl er es wegen seiner schwachen Nieren unterlassen sollte – und dies auch genau wusste.

Die Hundetrainerin war so ganz anders als sie, die andere. Sie hatte ihre Kühle um sich gebreitet wie einen schwarzen Schal. Doch warum hatte ich sie trotzdem dort sitzen sehen können – im roten Feuer der gelbgoldenen Zinnien und Dahlien, im sanften Brennen und Brüllen dieser noch unvertonten Melodie? Hatte ich mir schließlich alles nur eingebildet? War ich eins der unzähligen Opfer der blinden Limerenz?

Und warum sah mich die Hundetrainerin so seltsam an, offenbar weiter nach den Worten suchend, die sie noch immer nicht gefunden hatte?

„Möchten Sie vielleicht das Sofa sehen?", fragte ich schließlich. Ich konnte diese dubiose Spannung nicht mehr ertragen.

„Gerne!"

Wir gingen zum Auto und zogen die Sofas heraus. Erwin knabberte sofort an dem Seefisch-Mandel-Sofa und versuchte, sich daraufzulegen, aber er war zu groß für das Katzensofa.

Ein paar Kastanien fielen herunter und auch ein paar Blätter.

„Sie ist ins Kloster gegangen", sagte die Hundetrainerin leise. „Für den Hund war da einfach kein Platz."

„Also doch", sagte ich tonlos. Ich bohrte meinen Zeigefinger in die Seitenlehne des Roggenvollkornsofas und brach ein Stückchen Brot heraus. Es war immer noch warm und es schmeckte ausgezeichnet. Ich kaute traurig.

„Ich hasse das Katzenkloster", sagte ich mit vollem Mund.

Die Hundetrainerin starrte mich verständnislos an. „Katzenkloster? Was soll das denn sein?"

Ich schaute zu Boden. Schließlich konnte ich ja nichts dafür, dass es einen solchen Ort gab. Sie, die andere, hatte mir manchmal davon erzählt. Am Anfang hatten ihre Schilderungen in mir die gleiche Fassungslosigkeit ausgelöst, wie sie sich jetzt in der Körperhaltung der Hundetrainerin widerspiegelte.

„Jede Frau hat im Katzenkloster eine Zelle für sich", sagte ich. „Und ihre Katzen darf sie mitbringen. Es gibt wohl ziemlich viele Frauen da draußen, die gern ins Kloster möchten, aber eben nicht ohne ihre Katze."

Die Hundetrainerin runzelte die Stirn. Sie sah so aus, als versuchte sie mühsam einen Kommentar zu unterdrücken.

„Schön blöd", sagte sie schließlich.

Katzen, so hatte die andere mir damals gesagt, seien doch sehr spirituelle Tiere. „Wenn ich mal ins Kloster gehen sollte", sie hatte mich mit ihren dunklen Augen fixiert, „dann schreibe ich dir eine Ansichtskarte, willst du?"

Räuberbacke

Sarah Mondegrin

Die Holzplanken der Veranda haben sich mit Junisonne vollgesogen, seit heute Mittag um zwölf. Stattlich, rotgetigert, weißbäuchig, so räkelt sich der Kater in der Wärme, den großen Körper genüsslich ausgestreckt, die rechte Pfote angelt ins behagliche Nichts. Da lässt es sich ein Sonnentier gutgehen. Hinter ihm blüht die Schwarzäugige Susanne, badet im Sonnenlicht – wie er, wie ich. Dass Freitag ist, das wissen beide nicht, ebenso wenig wie der Storchenschnabel, in dessen blauvioletten Blütenköpfchen die Bienen schwebend einkehren.

Der Kater putzt sein cremeweiches Brustfell, gähnt, schließt die Löwenaugen, schmiegt den schweren Kopf in die Pfotenbeuge und zelebriert eine träge Katerwäsche, unentschlossen, sommerlich entspannt.

Auf deinem kleinen Grab am Ende des Gartens wuchert jetzt die Akelei. Noch im letzten Sommer habt ihr miteinander in der Sonne gedöst oder mit mir auf dem Sofa geschnurrt. Vor der

Abendschau wurde ich schon miauend in der Sofaecke erwartet, schließlich galt es die Rituale des Tages einzuhalten, da wart ihr ganz pedantisch.

Der Kater erhebt sich, trappst ins Haus. Spürt er meine traurigen Gedanken? Oder zieht es ihn nur zum Fressnapf oder ins Bücherregal, seinem augenblicklichen Lieblingsort für den Powernap nach Katerart?

Du, seine vierpfotige Kollegin, hast es vorgezogen, auf dem Kleiderschrank zu schlummern, hineingeknüllt in einen kuscheligen, vor Jahren ausrangierten Kopfkissenbezug mit verblichenem Veilchenmuster. Aus dem Veilchenkissen war in der Nacht ein röchelndes Schnarchen zu hören, als ob dort ein sehr kleiner, dicker Mann nächtigen würde, aber der dicke Mann hatte rosa Pfoten, deren Zehenballen nach Erde rochen und ein kleines bisschen nach Käsefüßchen. Wie sehr habe ich deinen Käsepfötchengeruch geliebt, diese Mischung nach frischer Erde, besonders, wenn es geregnet hatte und deine Pfotenabdrücke eine exakte Spur von der Katzenklappe zum Fressteppich in die Wohnung gestempelt hatten. Im Wald spricht man von Trittsiegeln … nun ja, ich wusste, wovon die Rede war.

Ach, da kehrt der Kater auf die Veranda zurück. Das Geräusch meines Füllers auf dem Papier, das ihm offenbar gefällt, hat ihn wohl wieder nach draußen gelockt. Im Kirschbaum, dessen Blätter schon dunkelgrün und sehr saftig sind, rast der hauseigene Hektiker den dünnen Stamm entlang. Das Eichhörnchen raschelt dramatisch in den Zweigen, unerreichbar für den Kater, zu dessen Bedauern.

Eines der vom Nachbarn dickgefütterten Eichhörnchen ist vor anderthalb Jahren dem Kater zur Beute geworden. Und ich hatte das zweifelhafte Vergnügen, das schon leicht mumifizierte Wesen hinter dem Sofa hervorzuziehen. Ja, es war keine gute Idee, euch beide für zwei Wochen der Obhut meiner Cousine anzuvertrauen. Kater mochte sie nicht und du konntest sie auch nicht ausstehen.

Vielleicht bist du ja deshalb draußen in der Nacht geblieben, dünn und angeknackst, wie du von deinem wintrigen Dauerschnupfen warst. Rotzelbacke war dein zweiter Vorname geworden und Rotzelbackes Lieblingsplatz die Heizung im Bad. Dort wurde ein katzenschnupfensicherer Ruheplatz ausgepolstert, ein Nest aus Küchenrollenpapier, das sich leicht austauschen ließ, wenn du es vollgeschnieft hattest.

Fast hätte der Fuchs dich geholt. Aber dann bist du doch noch zum Sterben nach Hause gekommen. Auf den Kleiderschrank hast du es nicht mehr geschafft. Auf dem Klavierschemel mit dem roten Samtkissen bist du eingeschlafen. Auf demselben Schemel habe ich dich langsam und vorsichtig herumgedreht, als du noch ein lakritzschwarzes Katzenbaby warst, die Augen fast noch blau. Du hast mich ängstlich angefaucht, aber als ich die Drehbewegung einstellte, ertönte ein deutliches Miau, das Signal zum Weiterfahren.

So viele Jahre später hast du dir den Schemel zum Sterben ausgesucht. Wahrscheinlich, weil er nun weit hinten in der Ecke stand, im Schatten der Palme. Du bist wohl über die Notenstapel dort hinaufgeklettert.

Als ich dich fand, waren deine Augen aufgerissen und milchiggrün, die Lefzen ein wenig zurückgezogen. Ich vermute, dass du versucht hast, den Tod anzufauchen, aber der Tod hat sich nicht einschüchtern lassen.

Wir haben dich mit deiner Lieblingsmaus begraben. Die, die du mir bestimmt 512 Mal zum Apportieren vor die Füße gelegt hast, besonders dann, wenn ich versuchte zu arbeiten und das Internet mal wieder zusammengebrochen war.

Doch, ich habe die Maus geworfen. Sie kollerte die Kellertreppe hinunter, du jagtest hinterher. Deine Pfoten trappelten auf dem blanken Holz der Treppe. In Sekundenschnelle kamst du die Treppe wieder heraufgerast – die Maus quer im Maul. Du legtest sie mir vor die Füße und wenn ich nicht gleich reagierte, presstest du deinen spielwütigen kleinen Körper gegen mein Bein. Also wieder die Kellertreppe hinunter. Also wieder hinterher. Ein scheinbarer Endlosfilm. Und jetzt würde ich den Film so gern noch mal zurückspulen. Und noch mal die Maus für dich werfen. Und deine trappelnden Pfoten auf dem Holz hören.

Der Kater steht vor meinem Gartenstuhl und fixiert mich auffordernd. Man möchte offenbar auf den Schoß gehoben werden. Er ist schwer; ich stemme ihn mit Mühe hoch. Seite Krallen bohren sich zufrieden in den Stoff meiner Hose. Ich kraule das weiche Fell unter seiner Kehle. Die Gegenwart ist ein sommerliches Land von trügerischer Unendlichkeit.

Im Paradies

Christoph Klimke

Zwei Männer, die zusammen leben und dann noch mit einer Hündin, die Daisy heißt: das geht doch gar nicht, oder? Ging auch nicht, aber der Reihe nach.

Im letzten Frühsommer erfährt Andreas nach der Vorstellung von George Taboris Stück *Mein Kampf* vom Tiertrainer Bernd, der seine dressierten Hühner auf die Bühne des Berliner Ensembles am Schiffbauerdamm bringt, er habe von Tierschützern eine Collie-Hündin zur Pflege bekommen. Da Bernd weiß, dass wir seit Happys Tod nun schon fünf Jahre ohne Hund leben, ahnt er Andreas' Reaktion: „Die sehen wir uns einmal an", was da so gut wie sicher heißt: „Die nehmen wir."

Es wird aber auch wirklich Zeit. Immer wenn Andreas und ich spazieren gehen, drehen wir uns nach jedem Hund um, und die vielen Köter himmeln meinen Freund an. Wir machen uns also auf den Weg in die Brandenburger Provinz, wo Bernd seine Tiere hütet: Affen, Pferde, Schafe, Ziegen, Lamas, Hühner, Katzen, sogar ein Luchs und eben Daisy, die ganz durchfroren im blödsinnigen Zwinger in einer Ecke sitzt. Wir locken sie an die Gitterstäbe und vorsichtig schnuppert die Hündin an unseren Händen. Sie lässt sich streicheln und rückt mit ihrem nassen Fell ganz nahe an uns heran. Bernds Hunde kläffen, auch Kati ist mit ihren Söhnen dabei, eine Freundin, die in Berlin-Hohenschönhausen Tiere rettet. Sie will Daisy vorübergehend in ihrer Wohnung aufnehmen, auch wenn es an der Landsberger Allee zwischen den Plattenbauten laut und hektisch ist. Ihre Wohnung ist zudem klein und im Sommer besonders stickig. Wir gehen mit Daisy eine Runde spazieren und haben den Eindruck, dieser Collie mag uns. Zwei Tage Bedenkzeit und wir sagen zu. Alles will gut vorbereitet sein: Halsband, Leine, die Decke fürs Auto, der Napf, Futter und das besondere Begrüßungsmenü sollen Daisy willkommen heißen. Wir kochen Hühnerfleisch mit Kartoffeln und Möhren und finden sowieso, dass Daisy zu dünn ist.

Daisy wurde aus einem Schuppen gerettet, wo sie jahrelang eingesperrt war und offensichtlich zur Züchtung gezwungen wurde. Dementsprechend ängstlich ist sie gegenüber allem Neuen, also gegenüber fast allem, da sie kaum etwas kennt.

Auf der Fahrt nach Berlin-Kreuzberg sitzt sie neben Andreas auf der Rückbank und ihr Fahrer kann im Rückspiegel beobachten, wie sie sichtlich die Streicheleinheiten genießt und schließlich ganz auf dem Schoß des neuen Herrchens landet. Wir laufen die Runde am Kanal entlang. Daisy lernt neue Hunde und Menschen kennen, aber in der ersten Zeit werden wir sie nicht ableinen, da sie bei jedem Geräusch aufschreckt und weglaufen könnte. Autos, Flugzeuge, Hektik, die nervenden Fahrradfahrer auf den Bürgersteigen oder schreiende Kinder – alles ist neu für die schöne braun-weiße Daisy, die aussieht wie ein Fotomodell. Zu Hause darf sie aufs Sofa und ins Bett und von dort will sie auch gar nicht mehr nach draußen. Die Wohnung ist so etwas wie die sie beschützende Höhle und wir sind ihre Schutzengel.

Am ersten Abend gehen wir mit ihr in unser Stammlokal, ins „Avril" unten im Haus, wo die Schöne begrüßt und bewundert wird. Auch hier fühlt sie sich vor allem unter dem Tisch wohl. So wiederholt sich in den nächsten Tagen immer die gleiche Szene, dass wir Daisy unter dem Tisch heraustragen und auf die Beine stellen müssen, denn sie sucht sich eigentlich nur Schutz. Jeder Lärm macht ihr Angst und allein in der Wohnung oder im Auto kann sie entspannen. Dann schläft sie sofort ein und holt jede Menge Ruhe nach.

Was diese Hündin erlebt haben muss in jenem Schuppen, mag man sich nicht vorstellen. Ein Leben immer drinnen. Im Winter ist es kalt, im Sommer heiß. Menschen, die sie wahrscheinlich misshandeln, Geräusche draußen, die sie nicht einordnen kann, und schlechtes Futter. Natürlich gehen wir mit ihr zum Kreuzberger Tierarzt, der feststellt, dass sie bis auf eine Blasenentzündung und Untergewicht gesund ist. Gegen die Entzündung gibt es eine schnell wirkende Spritze und Daisy nimmt nach und nach bei uns zu. Sie lernt unsere engsten Freunde kennen, die sich gleich in die Sanfte vernarren. Daisy gibt sich ganz und gar dankbar für ihre Rettung. Und doch ist sie nicht glücklich. Immer gestresst durch die Großstadt gibt sie uns zu verstehen, sie braucht ein anderes Leben, ein anderes Zuhause.

Wir entschließen uns schweren Herzens, für diese Hündin das optimale Heim zu finden. Über Tierschutzfreunde bekommen wir eine Adresse nahe Anklam. Dort leben zwei Frauen zusammen, die eine arbeitet als Försterin, ihre Lebensgefährtin war Apothekerin, hat aber jetzt eine Hundetrainerinnen-Ausbildung abgeschlossen. Die beiden wohnen am Waldrand mit ihren Hunden und Pferden und scheinen die ideale Adresse für unsere Daisy zu sein, die nicht mehr die unsere ist. Wir bringen sie dorthin und der Abschied ist traurig für uns und – so glauben wir – bei allem Glück, was diese Hündin im besten Alter nun gefunden hat, auch für sie.

Nach ein paar Wochen besuchen wir Daisy noch einmal, sie erkennt uns sogleich, begrüßt uns als ihre Retter, aber wir sehen, sie hat es hier in der Natur und Ruhe mehr als gut. Aber dieser nun endgültige Abschied fällt uns dreien schwer. Daisy, eigentlich eine verkappte Prinzessin, fehlt uns. Auf einem Foto sieht sie mich an und lächelt mir zu.

So wie es Stadtmenschen und Landeier gibt, fühlen sich wohl auch manche Hunde hier besser als dort. Daisy hätte bei uns in der Stadt viel gelernt. Wir hätten sie verwöhnt und vieles nachholen lassen, was ihr bisher verwehrt geblieben ist. „Vielleicht hätten wir sie doch behalten sollen", sagt Andreas oft zu mir.

„Nein, dort ist es optimal für sie", antworte ich und bin dessen gar nicht so sicher. Natürlich hat sie es auf dem Land viel besser als bei uns in Berlin. Aber es gibt Hunde, die im Gegensatz zu anderen ihrer Artgenossen daheim lieber der einzige Vierbeiner sein möchten. Vielleicht wäre Daisy besser als Einzelhund bei uns geblieben. Aber wer wohnt schon im Paradies?

Bis morgen

Christoph Klimke

Nach den zwei viel zu kurzen Tagen mit Andreas müssen wir ihn nach Eckernförde zum Bahnhof bringen. Abschiede hassen Joi und ich und so sagen wir nur kurz Moinmoin und geben einen Abschiedskuss. Der Himmel ist grau und die Aussicht, nur noch zu zweit die letzten Tage an der See zu verbringen, findet unser Hund auch ziemlich trübe. Auf dem Rückweg machen wir am Noor halt, einem See mitten in dem auf Sand gebauten Städtchen hier im Land zwischen den Meeren. Eine dicke Hummel und ein kleiner Münsterländer-Rüde, der aus einem der angrenzenden Kleingärten stammen muss, verfolgen uns durch das hohe Gras.

Über dem Wasser Möwen und vor uns auf dem Weg lauter Amseln, die nach Regenwürmern und Schnecken picken. Schnecken erinnern mich immer an meine Kindheit im niederrheinischen Kleve, wo wir Brüder im Sommer im Sandkasten ein Brett an den alten Baum gestellt haben und an die untere Kante im Sand Schnecken positionieren, die dann hinauflaufen sollten. Im

Publikum saßen Brummelchen, mein Teddy, Kappele, die Kasperpuppe, und Weißhäschen, ein Stofftierkaninchen. Ansonsten liebte ich die Tiere der Augsburger Puppenkiste: Urmel aus dem Eis, den Drachen Frau Mahlzahn, den Löwen im Zoo oder den Ziegenbock Bobesch. Einen Hund habe ich mir als Kind natürlich auch gewünscht, aber Wellensittiche, Hamster und Goldfische mussten genügen.

Joi macht ihr Abendkäckerchen und wir fahren zurück nach Schuby. Auf der Bundesstraße kurz vor der Abfahrt zerhacken die Krähen eine tote Katze. Im Dorf ist es ruhig wie üblich an einem solchen Mai-Sonntagabend. Familienväter schieben die Abfalltonnen an die Straße. Durch die Fenster sieht man den Fernseher flimmern. Im Garten spielen einige Kinder Fußball und Jule kläfft uns entgegen.

Natürlich waren Andreas, Joi und ich jeden Abend im Dorfkrug. Immer gab es Fisch mit Bratkartoffeln, Bier und Korn. Und Joi brachte die ganzjährig verstummten Dorfbewohner zum Sprechen, nein, geradezu zum Schwärmen: „Die könnte ich ja so unterm Arm mitnehmen!" Nix da!

Plötzlich erzählt jeder von den Haustieren seiner Kindheit, dem Hofhund, der Katze oder dem Vieh, den Mardern, die die Hühner schlagen, oder den Rehkitzen, die in diesem Jahr viel zu früh da sind und in den Gärten die Baumrinden abfressen. Joi hört nicht sehr interessiert zu, aber freut sich, diese Menschen wiederbelebt zu haben. Wirtin Petra verwöhnt sie mit Fleisch und Wasser und Joi darf direkt neben dem Tresen auf dem Teppich Platz nehmen und hat so die Durchreiche zur Küche fest im Blick. Ich fühle mich trotz meiner Hündin an diesem Abend ohne Andreas etwas allein gelassen, aber Petra tröstet, das wohl ahnend, mich mit einigen Freirunden.

Es ist längst dunkel und wir verabschieden uns: „Bis morgen!", so wie Andreas und ich uns immer optimistisch mit einem „Gute Nacht, bis morgen!" in den Schlaf schicken, als könnte es nie anders sein. Joi zieht mich noch eine Runde durchs Dorf und dann gleich ins Bett. Die Wolken sind fort und durch das Fenster scheint der Mond wie in einem Bilderbuch. „Morgen haben wir schönes Wetter", verspreche ich der schon vor sich hin schnarchenden Joi und wünsche ihr eine gute Nacht. „Bis morgen!", da blinzelt sie mich mit einem Auge kurz an, um ihr Einverständnis zu signalisieren, und schnarcht in Ruhe weiter. Vielleicht träumt sie gerade von Sunny, der riesigen, jungen, irischen Wolfshündin, mit deren Herrchen wir morgen früh zum Gassi-Gehen verabredet sind. Joi wird sich beim Kennenlernen völlig unbeeindruckt geben von der Übergröße dieser neuen Freundin. Erstaunlich, wie viel Selbstvertrauen unser Hund in der letzten Zeit gewonnen hat. Um Mensch und Tier, die ihr bedrohlich erscheinen, macht die Kluge einen großen Bogen. Sunny dagegen stürmt auf alles los, was sich bewegt, und will spielen und raufen. Eine solche Jugend hatte Joi nicht. Aber hiervon wird noch zu erzählen sein.

Der Menschenversteher

Christoph Klimke

Am Staatstheater Cottbus inszeniert Johann Kresnik mein Stück über das verrückte Leben des Fürsten Pückler. Dieser hoch verschuldete Hochstapler war im 19. Jahrhundert unterwegs auf der Suche nach Abenteuern und reichen Frauen. Liberal und adlig verkörpert er das Chamäleon an und für sich. Er liebte Tiere und reiste stets mit seinem Hund, bekam aber auch von seinen Gastgebern, Monarchen und Diktatoren in Ägypten, allerlei Viecher geschenkt, die er mit aufs Schiff oder in die Kutschen nahm: Strauße, Flamingos, Affen und einige Exoten begleiteten den Janus aus der Lausitz. Auf der Bühne geben wir dem Protagonisten für seine Monologe einen kleinen dressierten Affen auf die Schulter, dem unser Pückler seine Träume erzählt. Dieser hört auch manchmal zu, ist aber mehr an den Leckerchen, die die Kostümbildnerin in den vielen Taschen im Kostüm versteckt hat, interessiert als an meinen Texten. Pückler ist auch schon einmal mit einem Hirschgespann in Berlin vorgefahren, aber deren Geweihe setzen wir unseren Tänzern auf und Kresnik macht eine tierische Choreografie.

Tiere im Theater erinnern an die Tiere in den zoologischen Gärten. Als Kind wollte ich in meinem Heimatort Kleve immer in den Tiergarten, ein ziemlich kümmerliches Gehege. Im Forstgarten drehen auch heute noch die schillernden Pfauen ihr Rad und mit meinem Freund habe ich alle Zoos besucht, in welchen Städten wir auch gelandet sind: Dublin, Rom, Wien oder einfach die beiden Tiergärten in Berlin. Elefanten liebt mein Freund und ich Nashörner. Einmal haben wir zwei Riesenschildkröten beim Kopulationsversuch zugesehen und zugehört, denn das Klacken der beiden Panzer, die aneinanderschlagen, ist beeindruckend.

Beim Übersetzen eines Flusses mit einer Fähre im Süden Irlands begleiteten uns wunderschöne Delfine und die keinen weiß-schwarzen Hunde dort an einem der Strände der Dingle Bay schnappten immer nach den Steinen, die wir aufs Meer hinauswarfen. Wir haben Insekten zugesehen, wie sie beim Liebesakt sich gegenseitig verspeisen, oder haben die Mauersegler im Abendlicht um die Kathedrale von Saragossa gleiten sehen.

Doch eines Tages sitzen wir in der Dachwohnung in Bad Godesberg, es ist ein Spätsommerabend und die Wolken lassen das Siebengebirge verschwinden. Da springt plötzlich ein orangegelber Ball über den Teppich vor uns und wir denken, getrunken haben wir eigentlich noch nichts. Andreas springt auf und verschließt sämtliche Türen und Fenster. Ein Kanarienvogel hat uns auserwählt und wir nehmen gleich ein Taxi zum nächsten Baumarkt, der um diese Zeit noch geöffnet hat, und kaufen dem neuen Mitbewohner ein Wellnesscenter mit allem Drum und Dran. Piep nennen wir das farbige Flügelwesen, das gleich Salat und Körner frisst, im Wasser kurz badet, dann aber vollkommen ermattet von seiner Heimsuche in den Tiefschlaf versinkt. Wir beobachten den kleinen Vogel, der seinen leuchtenden Kopf ins Gefieder gesteckt hat, und verlieben uns natürlich in ihn. Schnell wird er zahm, da er weiß, dass seine Wahl die richtige war. Instinktiv hat er unter den vielen offen stehenden Türen und Fenstern den besten Eingang zu einem guten Leben gewählt. Er interessiert sich für unsere Fische und trippelt gern nach dem Freiflug ihnen beim Hin- und Her-Schwimmen nach.

Die für mich ungewöhnlichsten Begegnungen mit Tieren hatte ich in Mexiko. Zunächst sah ich in den Parks von Mexiko-Stadt die Straßenhunde bei Tag schlafen. Ein Sammelsurium an Kötern lag da zusammen, ganz im Vertrauen und doch auf der Hut. Nachts hörte ich sie dann von meinem Hotelzimmer aus heulend im Rudel auf der Suche nach Nahrung durch die Stadt laufen. Am pazifischen Ozean schließlich nahe Zihuatanejo in einer Bucht, in der übrigens Jacques Cousteau eine Residenz hatte, fand ich morgens beim Strandspaziergang eine gigantische tote Wasserschlange. Im Dorf auf dem Markt gab es kleine Haifische zum Verkauf und so wurde es mir immer mulmiger, wenn ich schwimmen ging. Nahe dem Hotel mündete ein schmaler Fluss ins Meer, in dessen Bett mittags Krokodile vor sich hin dösten. Zum Frühstück gab es hier vor allem prächtige Obstsalate und ich durfte die Kolibris, die über der Obstschale in der Luft standen, fürstlich bewirten. Doch auf dem Weg hierhin in einer einfachen Herberge etwa hundert Kilometer oberhalb von Acapulco konnte ich die ganze Nacht nicht schlafen, weil ein Gecko an der Decke klebte und vor sich hin lärmte. Ich musste an Gregor Samsa denken, den seine monströse Familie in Franz Kafkas *Verwandlung* einfach verstoßen hat und verhungern ließ. Wer weiß, vielleicht war jener Gecko auch ein uns Befremdender oder ein unerkannter Dionysos gar.

Wir haben Tiere schon ins Weltall geschickt und brauchen doch keine Raumsonden oder Satelliten, wenn wir am Nachthimmel Sternschnuppen sehen und uns von diesen Boten aus einer anderen Welt und Zeit etwas wünschen. Vielleicht überleben vor allem einige Vogelarten den Untergang. Ihr Flügelschlag ist so erhaben, als könnte er unserem Niedergang widerstehen. Tiere spielen keine Rollen. Sie vermehren sich, sind monogam oder polygam, sie töten, um sich zu ernähren, und töten dabei zum Teil ihre eigene Brut. Sie können sich anpassen, aber die Verwandlung eines Schauspielers in eine andere Figur beherrschen sie nicht nur nicht, sie brauchen keine Kunst für ihr Leben. Sie leben allein die Notwendigkeit und den Trieb.

Manchen Haustieren nötigen wir unsere Neurosen auf. Das ist ziemlich hoffnungslos, aber alle Tiere verkörpern eine unvergleichliche Würde.

Selbst Versuchshunde vermitteln uns, sobald sie sich beobachtet wissen, ihr Manko. Seit 15.000 Jahren leben Hunde mit Menschen zusammen. Bereits Welpen wollen uns manipulieren. Wir sollen ihnen bei dem, was sie nicht können, helfen: die Futterdose öffnen und zwar sofort! Forscher nennen Hunde „eine Art behinderter Wolf mit weniger Gehirn". Dabei sei der Selektionsdruck nicht mehr evolutionär, sondern unterliege dem Menschen. Aber Hunde können doch nicht so blöd sein, denn sie bewältigen Aufgaben mühelos, die Schimpansen nicht lösen können. Vor allem aber sind sie Menschenversteher. Der Hund weiß, er bekommt, was er will, wenn er den Menschen manipuliert.

Ich habe Border-Collies in Irland bei der Arbeit gesehen: wie sie nach Anweisung des Schäfers sich an die Herde machen, sie blitzschnell umkreisen, sich an verlorene Schafe heranpirschen, das Tier fest im Blick, und sich setzen, um dann wie der Wind es einzufangen mit Können und Eleganz. Der Schäfer, die stumme Signalpfeife im Mund, beobachtet das Ganze mit Zutrauen und ist stolz auf sein Tier. Das geht jedem Herrchen von Schutz-, Blinden- oder Suchhunden so. Arbeitsteilung des Hundeflüsterers und Menschenflüsterers.

Natürlich haben unsere Hunde uns fest im Griff. Wahrscheinlich denken sie jeden Morgen, dass sie mit uns Gassi gehen, damit wir unser Frühstück verdienen. Sie wissen ganz genau, was in dem degenerierten Stadtleben ihre Aufgabe ist und dass, wenn wir sie streicheln, uns das ziemlich guttut. Weil wir wohl die Menschen und uns selber immer weniger verstehen, bereichern uns solche Menschenversteher. Jetzt hypnotisiert mich mein Hund, das heißt: Leckerchen oder Gassi-Gehen oder am besten beides. Raus an die Luft und später rein in die Kneipe. Es wird Zeit. Wie Recht du hast!

SchwarzRotGeil

Sarah Mondegrin

Böse Zungen behaupten gern, dass meine Katze einer Mini-Hyäne gleicht. Dabei ist Hazel blond. Das kommt bei Katzen nicht so oft vor.

Sie ist eine klassische Einzelkatze, so wie ich – ein ehemaliges Einzelkind aus Hannover – lange Jahre meines Lebens eine Einzelfrau war. Das klingt fast so deprimierend wie Einzelzimmer – und deshalb sind Hazel und ich vor zwei Jahren in eine WG gezogen.

Wir haben uns gut eingelebt, Hazel etwas zu gut – doch davon später. Ach so, Stichwort Hyäne: Es ist wahr, dass Hazel einen kräftigen Kiefer hat und einen für eine Katze recht steil abfallenden Rücken. Und auch ihr gesunder Appetit auf Hähnchenherzen könnte für die Hyänentheorie sprechen. Ansonsten ist Hazel viel zu hochbeinig, hager und von einer leicht verwegenen Eleganz. Von uns beiden bin ich die Pyknikerin – mit anderen Worten das Pummelchen. Wie oft habe ich mir schon gewünscht, dass es umgekehrt wäre! Eine rundliche Katze, die nicht allzu sehr ins Fettleibige tendiert, öffnet viele Herzen. Von einer ähnlich konstituierten Frau, die den Äquator ins mittlere Alter bereits überschritten hat, lässt sich das leider nicht ohne Weiteres behaupten.

Vielleicht ist mein Naturell gewinnender als das meiner Katze (schließlich muss ich die kleinen Dosen mit Kaninchenklein, die Hazel nur ab und zu gern annimmt, verdienen) und ich bin auch weniger übergriffig als sie.

Doch von uns beiden hatte Hazel entschieden die schlimmere Kindheit. Gerecht ist es trotzdem nicht, dass ich hier die Pyknikerin geben muss. Hazels Mutter wurde auf einer Schnellstraße bei Cloppenburg überfahren, meine erfreut sich noch immer ihres Lebens und backt Kuchen, die viel zu kalorienhaltig sind, um mich bei meinen seltenen Besuchen ernsthaft in Versuchung zu führen.

Hazel kam im zarten Alter von sechs Wochen zu mir und wurde von ihrer Mutter, die ich mir eben so hochbeinig und hager vorstelle wie Hazel, aus nahe liegenden Gründen nicht lange genug gesäugt. Manche ihrer Unarten pflege ich damit bei den zahlreichen Gästen unserer WG zu entschuldigen.

Vom stuckverzierten Sozialraum unserer Charlottenburger WG bis zum südafrikanischen Port Elizabeth sind es am 23. Juni 2010 viele, viele Meilen, doch mental sind die meisten WG-Mitglieder voll auf das dortige K.o.-Spiel Ghana-Deutschland fokussiert.

„Noch zwei Stunden und elf Minuten ...“

„Tja ... und Rooney sitzt schon fast mit Hazel im Bücherregal.“

„Wie oft habe ich dir schon gesagt, dass mein Hund Mary Rooney heißt?“

„Ist ja gut, Manu, ist ja gut! Hast du die Gabeln mitgebracht?“

Heute findet in unserem liebevoll Sozialraum genannten Salon ein gemüse-orientiertes Abendessen statt. Nach diversen Fußballabenden mit Pizza, Bratwürstchen und Döner aus der Stanniolverpackung hat Steffi darauf bestanden, dass sie mal wieder ihren Zucchini-Auflauf kredenzen darf. Eigentlich finden wir es alle für Auflauf zu warm – schließlich ist es jetzt endlich Sommer geworden –, aber Steffis viel zu blaue Augen füllen sich leider viel zu schnell mit Tränen und wer will das riskieren, an einem Abend, an dem vielleicht sogar Jogi Löw nahe am Wasser gebaut haben könnte?

Astrid stellt den zwölfarmigen Kerzenhalter aus der Erbschaft ihrer Großmutter auf den Tisch. Astrid ist bei uns für den formellen Anstrich unserer gemeinsamen Anlässe zuständig und ihre bizarre Vorliebe für unförmige Zimtlatschen, die sie sommers wie winters zu strumpflosen Füßen trägt, tut der Thomas-Mann-artigen Seriosität ihrer Erscheinung keinen Abbruch. Sie hat mir mal erklärt, dass sie Zimtlatschen einfach herrlich bequem findet. Durch das mit Zimt gefüllte Fußbett wird die Bildung von unangenehmen Gerüchen stark eingeschränkt. Astrid ist in einem Haushalt aufgewachsen, in dem die Jeans gebügelt wurden – und so darf man schon froh sein, dass sie uns den Anblick blauer Bügelfalten erspart, wahrscheinlich um Rücksicht auf den allgemeinen legeren Kleidungsstandard in der Kantstraße 30 zu nehmen.

„Der Hund will wirklich zu der Katze ins Bücherregal?" Astrids bayerisch gefärbte Stimme drückt ihre Distanz zu Tieren jedweder Art aus – auf die gleiche Weise würde sie auch von Giraffen oder Seepferdchen sprechen. Es ist ihr hoch anzurechnen, dass sie sowohl Hazel als auch Rooney in ihrem Umkreis duldet, denn Fell findet sie nur auf Fotos sympathisch. Astrid ist eine leidenschaftliche Zeitungsreporterin, die sich in ihrer Freizeit gern beim Bogenschießen entspannt.

Mit einem kritischen Blick auf den Tisch stellt sie fest: „Ich habe das Feuerzeug vergessen." Sie dreht ab Richtung Küche.

„Rooney möchte eben, dass Ghana gewinnt." Steffi kniet sich aufs Parkett und streichelt die kleine, glubschäugige Promenadenmischung, die äußerst unglücklich auf ihre platte Schnauze schielt. Hinter den Bildbänden schnurrt es herausfordernd. Hazel hat sich auf jeden Fall schon mal den besten Platz gesichert. Das dickste Buch unserer WG, der Frida-Kahlo-Ausstellungskatalog, hat Hazel letztens schon den besten Schallschutz gegen das Gewitter gesichert. Und da sage mal einer, Katzen hätten kein Gedächtnis.

„Mary Rooney", insistiert Manu mit der ihr eigenen stoischen Geduld. Ihre Hündin, deren Onkel ein Mops gewesen sein muss, während Rooneys Mutti ein lebhafter Pudelmix war, ist das letzte Überbleibsel aus einer kurzen Beziehung mit einer ironiefreudigen Irin. Fiona hat Manu erst kürzlich wegen eines Bayern-München-Fans verlassen, dessen sexuelle Zugehörigkeit so verschwommen war wie der Geisteszustand einiger Schiedsrichter, die beim Serbien-Spiel der deutschen Mannschaft das Leben schwergemacht haben. Nun haben Manu und Rooney, Verzeihung, Mary Rooney, nur noch einander.

„Kommt, Kinder, jetzt essen wir erst mal was! Auf Beate und Gitti haben wir schließlich lang genug gewartet!" Steffis Wangen sind hektisch gerötet, sie hat die letzten 20 Minuten damit verbracht, die knusprige Konsistenz der Käsekruste zu überwachen. Sie stellt den Zucchini-Auflauf auf den Tisch.

„Im Radio haben sie gestern auch gesagt, dass man während der WM wenigstens ab und zu auf die Ernährung achten sollte."

Manu reißt sich mit Mühe von ihrer unglücklichen kleinen Hündin los und rappelt sich aus ihrer knienden Position hoch. „Auf Beate und Gitti kann ich ganz gut verzichten!", verkündet sie recht undiplomatisch. Bei der erwähnten Beate handelt es sich um ihre Cousine und Gitti ist Beates aktuelle Affäre. Beide sind seit gestern Abend nicht mehr aufgetaucht.

Manu wirft einen skeptischen Blick auf den dampfenden Auflauf. Die im Fernsehen haben allen Ernstes vorgeschlagen, man solle sich einen Gemüseteller bereitstellen – statt Chips und Käsestangen? Steffi schweigt, das ist ihre Art, Missfallen auszudrücken. Sie nennt das Gewaltfreie Kommunikation.

Astrid kommt wieder in ihren Zimtlatschen hereingeschlurft und fängt an, die Kerzen anzuzünden. „Also, wenn ich Günter Netzer, das alte Holzgesicht, sehe, kriege ich sowieso nichts runter!"

Steffi reicht ihr den Löffel für den Auflauf. Mit einem mitleidigen Blick auf Rooney, die sich jetzt an Manus Bein drückt und erbärmlich bebt, sodass ihre Pudelöhrchen rhythmisch vibrieren, stellt sie fest: „Die armen Tiere! Die merken schon den ganzen Tag, dass ihnen heute Schreckliches bevorsteht! Bei jedem Tor für die Deutschen werden hier die Wände wackeln, wenn unsere lieben Nachbarn mal wieder ihre Spezial-Raketen zünden. Wolltest du nicht noch eine Runde mit dem Hund drehen, Manu?"

„Ich war schon! Die Hundewiese im Park war voll! Lauter Leidensgenossen. Die kleine Frau Paulsen sagt, sie habe Kopfhörer für ihren Lucky gekauft, aber er hat es geschafft, mit seinen Pfoten solche akrobatischen Verrenkungen zu machen, dass die immer wieder runterkamen."

„Na ja, das ist doch seine Spezialität. Wisst ihr noch, als er die Halskrause tragen musste? Was hatte er damals eigentlich?"

Astrid stochert in ihrem Zucchini-Auflauf herum: „Eine eitrige Zyste am Rücken, nicht wahr?" Mittlerweile hat sie sich daran gewöhnt, dass Tierkrankheiten bei Tisch leider eines unserer Lieblingsthemen sind.

Rooney gibt ein leises Winseln von sich. Sie stemmt ihre weißfleckigen Pfötchen auf das unterste Brett des Bücherregals und wedelt hilfesuchend mit dem wolligen Schwanz. Hinter dem Frida-Kahlo-Katalog wird gefaucht. Hazel ist offenbar nicht dazu bereit, Platz zu machen.

„Komm her, meine Kleine!" Manu klopft auf ihren Schoß und Rooney hopst dankbar zur Lieblingsdosenöffnerin. Sie stößt ihre

Schnauze in Manus Armbeuge und ringelt sich zu einem bebenden Fellball zusammen. Manu murmelt beruhigende Laute. Dann legt sie ihre Hand auf Rooneys Rücken, um eine Übung auszuführen, die sie mit Rooney in der Welpenschule gelernt hat. Rooney war erst drei Monate, als sie von Manu und Fiona aus dem Tierheim geholt wurde.

„Kommt, jetzt essen wir erst mal was! Im Radio wurde gestern gesagt, dass man während der WM verstärkt auf die Ernährung achten sollte." Steffi schaut ernst in die Runde: „Ernährungswissenschaftler raten: ruhig öfter mal einen knackigen Salat statt ständig Chips und Pizza!"

Manu verdreht die Augen. „Steffi … Das hast du uns schon dreimal erzählt! Oh, apropos Wiederholung!" Sie zeigt auf den Fernseher.

„O Gott, da ist es wieder, unser altes Holzgesicht!" Astrid lässt ihre Gabel sinken und starrt auf Günter Netzer, der heute wohl dachte, dass er die Fernsehwelt mit einer ganz besonders hübschen Krawatte beglücken möchte. Astrid kann er damit nicht aufmuntern.

„Tut mir leid, ich hab Magenweh!"

Steffi schaut bestürzt. „Astrid, hast du vergessen, deine Magentablette zu nehmen? Ich habe sie dir doch extra zurechtgelegt."

Astrids linke Augenbraue hebt sich unmerklich. Seit einiger Zeit beobachte ich Astrid aufmerksamer. Ich mag ihre leicht schrägstehenden Augen, die bei manchen Bemerkungen Steffis plötzlich sehr streng schauen können. Wenn ich nur die Gelegenheit hätte, wäre ich sehr viel netter zu Astrid als Steffi.

Steffi ist so ein Muttchen! Ob Astrid ihre Magentablette einnimmt oder nicht, ist doch wohl ihre Sache. Wenn Steffi so um Astrid herumpusselt, komme ich mir hier vor wie in der Lesben-Seniorensiedlung Rosa September! Und selbst dort sollten die persönlichen Seinsgrenzen noch Ecken und Kanten haben und nicht in einer symbiotischen Sauce verschwimmen, finde ich.

Astrid entfaltet mit durchgedrücktem Rücken die regenbogen-
farbige Serviette, die noch von unserem CSD-Frühstück übrig
geblieben ist. Ich sehe ihr an, dass sie Steffi eigentlich wegen der
Magentablette zurechtweisen möchte. Nichts ist Astrid heiliger
als die Wahrheit. Andererseits möchte sie die Nerven von Steffi,
die durch das bevorstehende Spiel Deutschland-Ghana sowieso
schon recht zersplittert sind, offenbar schonen.

Astrid schlüpft aus ihren Zimtlatschen und nimmt Zuflucht
zum Themenwechsel, dem kleinen Helfer des kultivierten Cha-
rakters: „Manu, sag mal, wo ist denn eigentlich deine Cousine
Beate? Wollte sie nicht heute mit uns das Spiel anschauen?"

Wie auf ein Stichwort betritt Gitti plötzlich die Szene.

„Still!", ruft sie aufgebracht. Im Schweinsgalopp kommt sie in
den Sozialraum getrabt, als ob sie eine wehende Deutschland-
fahne zum Flattern bringen möchte. Sie trägt ein bierfleckiges
Trikot mit dem Schriftzug Podolski auf dem Rücken. Astrid gibt
ein Hüsteln von sich. Nur unter Aufbietung aller Restbestände
ihrer gastgeberischen Höflichkeit ist es ihr bisher gelungen, sich
an Gitti, die aktuelle Affäre von Manus Cousine Beate, zu gewöhnen.

Gitti deutet mit dem Flaschenöffner auf den Bildschirm: „Da,
da steht's! Noch eine Stunde und 42 Minuten … und da …",
sie stellt sich auf die Zehenspitzen, als müsste sie von hier aus
bis nach Südafrika linsen, „da ist der Bus der deutschen Mannschaft!"

Gitti hat sich eine schwarz-rot-goldene Hawaii-Kette um den
Kopf gezurrt und entreißt Steffi die Fernbedienung. „Warum
habt ihr denn den Ton weggedreht? Übrigens, wenn ihr euch
fragt, wo Beate ist … die wollte zum Public Viewing auf die
Sommermärchen-Fanmeile. Aber ich, ich hab doch hier nicht
umsonst den Kühlschrank mit super Königs Pilsener vollge-
packt! Ich habe keine Lust auf die Berliner-Kindl-Plörre, die ihr
armen Mäuse hier so trinken müsst!"

Ich lächele Gitti an. Gestern, als wir gemeinsam auf dem Balkon saßen, hat sie mir – nach ihrem fünften Bier – anvertraut, dass sie leider bei Menschenmassen unter Panikattacken leidet. Das ist natürlich das Schlimmste, was einem Fußballfan passieren kann. Und leider hat Beate kein Verständnis dafür, ein Fakt, der dieser jungen Liebe nicht besonders gutgetan hat.

„Guckt mal, sie tragen heute die Auswärtstrikots!" Gitti öffnet zischend ein Bier und starrt gebannt auf den Fernseher, wo die Kamera in Zeitlupe über die ausgelegte Dienstkleidung der deutschen Elf in der Kabine fährt, während im Hintergrund Nina Simone mit *I'm Feeling Good* läuft. (Wenigstens nicht die verwässerte Fassung von Michael Buble.)

Steffi verdreht die Augen. Sie zählt die Stunden bis zu Gittis Abreise. Beate pflegt jedes Jahr ihre jeweilige Flamme zum CSD nach Berlin zu bringen, weil sie die Stimmung hier so geil findet. Beate ist allerdings schon über den Zenit ihrer Begeisterung hinaus. Nicht nur sie fand Gittis Kommentare zum Spiel Argentinien-Griechenland ziemlich unsachgemäß, auch die Geräusche aus dem nächtlichen Gästezimmer haben an Intensität merklich abgenommen. Gitti hat wahrscheinlich schon bitter bereut, dass sie gefragt hat, warum die Argentinier heute denn nicht ihre babyblau-weiß-gestreiften Trikot-Oberteile getragen haben. Beate versteht keinen Spaß, wenn es um Fußballfragen geht. Meiner Ansicht nach versteht sie auch sonst nicht viel von Spaß, aber das behalte ich lieber für mich. Wer ironiefrei einen schwarzrotgold-gestreiften Bademantel für 89 Euro auf der Fanmeile kauft, muss mit einer gewissen mentalen Ausgrenzung von bestimmten Teilen der Bevölkerung zurechtkommen. Leider tut Beate das nicht und hat uns vorgeworfen, keine richtigen Deutschen zu sein. Für sie – sagte sie – wäre es kein Widerspruch, lesbisch und deutsch zu sein – und darüber sollten wir mal nachdenken. Bei diesen Bemerkungen wäre Manu am liebsten in der Katzenklappe verschwunden, das war ihr deutlich anzusehen. Sie hatte Rooney hektisch gestreichelt und hoffte, dass Beate ihren Vorschlag, Rooney in Schweini umzutaufen, nicht wiederholt. Wenn überhaupt, sagte sie mir später hinter vorgehaltener Hand, würde sie den Hund in Özil umtaufen, das sei doch mal ein lustiger Name für einen so multikulturellen Hund.

„Ach, bei euch ist es so gemütlich", ruft Gitti treuherzig aus. Sie nimmt den schwarzrotgoldenen Bademantel, den sie auf dem besten Fernsehsessel als Platzhalter ausgebreitet hatte, schlüpft hinein und lächelt uns zufrieden an. Ich vermute, sie tut das, um ihre Thymusdrüse zu stimulieren. Nach dem sechsten Bier hatte sie mir nämlich anvertraut, dass sie gerade einen Ratgeber über diverse Entspannungstechniken liest, um ihre Panikattacken besser in den Griff zu bekommen. Das Aktivieren der Thymusdrüse durch Klopfen und Lächeln gehört auch dazu. Sie hatte – etwas mühsam koordiniert – mit den Fingern auf einen Punkt oberhalb des Sternums gezeigt und mir erklärt, dass dieser durch 20maliges Klopfen und gleichzeitiges Lächeln prima aktiviert werde. Seitdem kann ich nicht umhin, mir Gittis Thymusdrüse als eine kleine Wohlfühlpumpe vorzustellen, die bei manueller Stimulation Oxidanzien absondert.

So wie sie jetzt in Beates schwarzrotgoldenem Bademantel in unseren besten Fernsehsessel gekuschelt da sitzt – sonst sitzt da Astrid, unser Alphatier –, erinnert Gitti ein wenig an eine Siebenjährige, die samstagabends nach dem Baden noch *Wetten dass* gucken darf. „Irgendwie möchte man sie beschützen, nicht wahr?", flüstert Astrid mir zu. Ich freue mich, dass Astrid mir bei dieser Mitteilung näher kommt als sonst, und nicke zustimmend. Astrid hat schon wieder einen neuen Duft aufgelegt, ich schnuppere neugierig.

Hinter dem Frida-Kahlo-Bildband wird an der Tapete gekratzt. „Hazel! Lass das! Wofür habe ich das neue Kratzmöbel gekauft?" Ich ertappe mich selbst bei meiner nervigen Katzenstimme.

Astrid lächelt mir zu. „Die Tapete ist eben viel interessanter! Wir wollten doch sowieso renovieren. Die Katze fängt halt schon mal an."

Rooney legt auf Manus schützendem Schoß verängstigt die Ohren an. Draußen im Park bläst jemand auf einer Vuvuzela. Es ist kurz nach 20 Uhr. „Ich wünschte, es gäbe Vuvu-Stopp den Hunden zuliebe", seufzt Manu.

„Nun verhätschel doch deinen Hund nicht so", sagt Steffi biestig. Ich vermute, sie ist sauer auf mich, weil Astrid sich mit mir beschäftigt, aber da sie nicht gegen Astrid wettern kann, kriegt es eben Manu ab, die auf unserer WG-Rudel-Rangliste deutlich weiter unten rangiert. Dass neben dem Fernsehsessel schon zwei Köpi-Fläschchen stehen und Gitti aus der dritten gerade etwas Schaum auf der Sessellehne verteilt, macht die Dinge nicht besser.

„Die Spieler müssen, was die Psyche angeht, heute Abend an ihre Grenzen!", raunt der Fernsehkommentator. „Hörst du, Süße", flüstert Manu zärtlich und tätschelt Rooneys samtweiches Köpfchen. „Du musst jetzt sehr tapfer sein, was die können, kannst du allemal!" Rooney verdreht die Augen, sodass das Weiße zu sehen ist. Eifersüchtig kommt meine Hazel aus dem Bücherregal herausgestakst, vielleicht hat sie ja der Anblick der Spieler inspiriert, die eben durch den Tunnel schreiten. Hazels sandfarbene Ohren zucken im Hummelklang der Vuvuzelas.

„Warum sind eigentlich immer diese Kinder dabei?", fragt Gitti. Das habe ich mich auch schon oft gefragt.

„Jetzt sei mal bitte ruhig!", lässt sich Steffi vernehmen. „Das kann dir später Beate erklären!"

Steffi findet es immer sehr wichtig, dass Ruhe herrscht, wenn die Nationalhymne erklingt, ganz besonders bei den nicht-deutschen. Ich vermute, dass sie mit dieser Hingabe zum Ausdruck bringen möchte, wie sehr sie fremde Kulturen toleriert. Andächtig lauscht sie der Nationalhymne von Ghana. Irgendwie sieht sie so aus, als empfände sie das als eine Art Meditationsmusik, was meine neueste Theorie stützt. Vor Kurzem habe ich in der Stadtbücherei entdeckt, dass die Nationalhymnen und die Meditationsmusik bei den CDs dicht nebeneinander gestellt sind.

„Also, ich bin für Ghana!", verkündet Steffi überflüssigerweise, als die Musik verklungen ist. „Genau wie ganz Afrika! Ghana soll Weltmeister werden!"

„Na, davon träumst du aber nur!", antwortet Gitti munter. Bei ihrem Anblick muss ich an die Verkehrspoller in Essen denken, die – laut einem Fernsehbericht – von zwei unternehmungslustigen Damen vor Kurzem schwarz-rot-gold eingestrickt worden sind.

„Nimmst du sie mal?" Manu reicht mir Rooney herüber. „Ich dachte, ich nutze die erste Halbzeit und übe mal ein bisschen Feldenkrais."

„Gerne!" Rooney legt ihr Kinn auf meinen Oberschenkel und grunzt zufrieden. Ich hoffe sehr, dass es mir gelingt, diesem geräuschempfindlichen Hündchen ein wenig Frieden zu schenken. Manu legt sich seitlich vom Fernseher auf ihre Feldenkraismatte und stellt die Beine auf. Seit Fiona in ihrem Leben fehlt, haben die Schmerzen im Lendenwirbelbereich deutlich zugenommen, und wer das Pech hat, mit ihr zu frühstücken, wird mit Körpernachrichten zugetextet. Diesen Begriff hat sich Astrid ausgedacht und auch dafür bin ich ihr dankbar. Astrid hat außerdem angeregt, dass Körpernachrichten – egal von wem – nur zur vollen Stunde gesendet werden dürfen. Eine Maßnahme, die Manus Gesundheitsbulletins deutlich eingedämmt haben. „Heute nur Kurznachrichten!", pflegt sie lächelnd ihren Wortbeitrag einzuleiten, aber leider sind diese Kurznachrichten oft so ausführlich, dass Astrid sie sanft unterbricht und mit bayerischem Timbre fragt: „Und wo bitte bleibt unser Verkehrsfunk?"

Manu dehnt sich erst mal richtig durch, während auf dem Bildschirm die ersten Flanken geschossen werden. Hazel ist aus dem Bücherregal gesprungen und fixiert mit ihren bernsteinfarbenen Augen den Sessel, den Gitti mittlerweile in eine Liege-Position gekippt hat. Normalerweise streitet sich Hazel mit Astrid um diesen Platz, wobei Astrid – ganz Alphatier – meistens gewinnt. Doch heute – so scheint Hazel zu wittern – gibt es eine Chance, die richtige Ordnung der Dinge wiederherzustellen. Denn eigentlich – davon ist Hazel überzeugt – ist sie hier das Alphatier und das Alphatier sollte auch dort liegen dürfen, wo es möchte. Hazel senkt den Kopf und stakst hochbeinig auf die ahnungslose Gitti zu.

„Schweinsteiger hat den Fuß drübergehalten, deshalb nur Freistoß!", quakt der Fernsehreporter, der ein nerviges Organ hat. Ich seufze bei der Vorstellung, ihn 90 Minuten ertragen zu müssen.

Hazel springt leichtfüßig auf die Sessellehne und setzt probeweise ein samtweiches Pfötchen auf Gittis schwarzrotgoldenen Bauch. Ich frage mich, ob Gitti in diesem Bademantel nicht viel zu heiß ist, aber vermutlich merkt sie nicht mehr so viel, denn sie hat schon wieder ein Köpi ausgetrunken. „Na, Mäuschen?", sagt Gitti mit schwerer Zunge zu meiner Katze. Ich muss schmunzeln. Hazel Mäuschen zu nennen, wird nicht ungestraft bleiben. Wenn es eine Katze gibt, die weniger an ein Mäuschen erinnert, dann ist es meine Mini-Hyäne.

Gittis Hand wandert in Hazels flauschiges Fell und beginnt sie zu kraulen. Hazel schnurrt fast so laut wie die Vuvuzelas im Fernsehen. Dann – o Gott, ich wusste es! – wird ihr Blick starr und sie bewegt sich mit steifen Beinen auf Gittis Hals zu.

„Ach, du Süße, willst du wieder nuckeln?"

Jetzt ist es an mir zu seufzen. Dass Gitti Hazels Unart schon kennengelernt hat, ist ja peinlich genug, aber dass sie sie offenbar gewähren lassen will – das geht an meine psychische Schmerzgrenze.

„Eigentlich darf sie das ja nicht", schalte ich mich schwach ein.

Aber Gitti hört gar nicht hin. Sie nuckelt an ihrem vierten Bier und Hazel schmatzt an ihrem Hals.

„Podolski! Gut verarbeitet, diesen Seitenwechsel von Schweinsteiger! Die guten Ansätze mehren sich!", lässt uns der Sprecher zufrieden wissen.

Manu arbeitet jetzt auf dem Teppich an der sogenannten Beckenuhr. Mit winzigen Bewegungen lässt sie das Becken, eng an den Boden gepresst, kreisen. Ein entspanntes Lächeln liegt auf ihrem Gesicht. Ich beneide sie um diese Fähigkeit, die Umgebung auszublenden. Manu möchte einfach bei uns sein, das hat sie mir vor dem Spiel gesagt. „Ich fühle mich getragen durch die Energie unserer Gruppe." Manu gibt solche Sätze von sich, ohne mit der Wimper zu zucken. Steffi und sie sind zusammen zur Schule gegangen – ohne diese Grundlage wäre diese Freundschaft wohl schon lange Schnee von gestern.

Der Sprecher ist jetzt – wann ist das eigentlich passiert? – in eine Umlaufbahn des Leidens eingetreten, mit der er den Spielverlauf wimmernd kommentiert.

„Özil schafft es einfach nicht … die Chance vertan!" Seine Stimme überschlägt sich jaulend. Doch dann schöpft er wieder Hoffnung: „Gut, dass der kleine Philipp Lahm da stand, und den Ball abwehren konnte, für Deutschland!"

Manu liegt ganz ruhig da in ihrem grünpink geringelten Feldenkraisoberteil und atmet in ihre Füße. Sie scheint abgehoben zu haben in ein Nirwana der Fußballlosigkeit.

Gitti wiederum ist in eine Art Fußballtrance gefallen und Hazel nutzt ihre Chance, hat sich nach links rüberorientiert wie Schweinsteiger – und nuckelt voller Inbrunst.

Rooney hat sich entspannt. Manu öffnet kurz die Augen, schaut zu mir herüber und lächelt froh. Nur dem Kommentator geht es nicht gut, denn auch in der 36. Minute hat Deutschland noch immer nicht richtig ins Spiel gefunden. „Auch da gibt es reichlich Möglichkeiten zur Steigerung!", jammert er. Hazel findet das auch und hat sich jetzt förmlich an Gittis Hals festgesaugt. Eigentlich sollte Gitti meiner Katze die gelbe Karte zeigen, die André Ayew jetzt bekommen hat.

„Konterchance für die Black Stars!" Die Stimme kippt ins Hysterische und Rooney äugt beunruhigt zu mir nach oben. Bisher ist sie – und mit ihr Millionen von Tieren in Deutschland – von einem schwarzrotgoldenen Tor verschont worden.

„Bald ist Halbzeit!", flüstere ich. Thomas Müller kassiert auch eine gelbe Karte, Hazel immer noch nicht. Gittis Aufmerksamkeit ist vollständig vom Geschehen auf dem Rasen in Port Elizabeth absorbiert.

„Wir kommen nicht so klar durch wie in den ersten beiden Spielen", wehklagt die Männerstimme. „Mertesacker gewinnt auch diesen Kopfball nicht!" Hazel nuckelt weiter, begleitet vom Milchtritt. Eigentlich müsste ich dieses Treiben unterbinden, aber wenn ich zu laut rufe, erschreckt sich der kleine Rooney auf meinem Schoß, dem ich jedes Minütchen Ruhe gönne, das ihm durch die deutsche Torlosigkeit zuteil wird.

Der Kommentator ist bei seinem Vor-Halbzeit-Resümee angelangt. Er klingt erschöpft. „Philipp Lahm hat sich selten getraut … Ein Tor für die Serben im Parallelspiel … und Deutschland ist bei diesem Ergebnis ausgeschieden!"

In der Halbzeitpause bietet uns Steffi Schokolade an. „Hier, Nervennahrung", lockt sie und reicht einen hübschen Teller mit selbstgemachten Pralinen herum.

„Ich hätte lieber einen Flankengott!", stöhnt Gitti.

„Ist das ein Getränk?" Ich wusste gar nicht, dass Steffi so sarkastisch sein kann.

Astrid begibt sich mit schlurfenden Zimtlatschen zum Bad. „Beeil dich, Assi!", ruft ihr Gitti nach. „Unsere Jungs sind schon wieder im Tunnel. Bring mir ein Bier mit, ja?"

Manu hat sich für die zweite Halbzeit ihr Yoga-Übungsprogramm vorgenommen und arbeitet bereits am Fisch.

Dem Sprecher geht es nach der Halbzeitpause nicht besser: „Es kann die letzte Hälfte sein für die deutsche Mannschaft bei diesem Turnier!"

„Nur wer gar nichts tut, macht keine Fehler!", orakelt Astrid und reicht Gitti ein kältebeschlagenes Köpi. Rooney ist jetzt in ein sanftes Nickerchen geglitten und schnarcht ab und zu behaglich auf. Der Fußballgott, falls es ihn geben sollte, hat vermutlich heute seinen hundefreundlichen Tag. Rooney presst ihre rauen Pfotenballen in meine Handflächen. Hazel hat ihre Nuckeltätigkeit wieder aufgenommen. Ein bisschen seltsam finde ich das schon, dass Gitti sie nicht abwehrt.

„Da, Ghana, Ghana!" Steffi ist aufgesprungen.

„Manuel Neuer sei dank liegt Deutschland hier nicht am Boden", kommentiert der Sprecher wimmernd den Angriff von Ghana.

„Na, das wird ja knapp", sagt Astrid sachlich. Weitere Minuten verstreichen. „Kommt der Ball mal durch: Abseits!" Der Sprecher hört sich allmählich so an, als hätte er mit allem abgeschlossen. „Das ist nicht gut, das ist nicht sicher, was die deutsche Mannschaft da macht. Ghana stört früh und geschickt."

Rooneys Beinchen bewegen sich jetzt im Schlaf. Vielleicht träumt sie davon, dass sie eine Riesenhummel jagt. Doch plötzlich ist der Frieden vorbei.

„Tor! Tor! Ein Traumtor!" Die befreite Stimme des Sprechers explodiert in unsere Ohren – und die der Tiere. Rooney schießt hoch, jault, rast unters Sofa. Draußen ein Geknatter wie von Maschinengewehren. Hazel springt von Gittis Brust und nimmt Deckung hinter den Bildbänden. Gitti stößt sich – etwas schwerfällig, aber immerhin – vom Sessel ab, hopst auf und ab und reckt die Arme nach oben. Manu winkt ihr höflich zu, Astrid hat tröstend den Arm um Steffi gelegt, die umgehend um Ghana trauert. Ich liege auf den Knien, um dem völlig geschockten Rooney gut zuzureden. Manu rutscht heran und streckt die Arme nach ihrem zitternden Hund aus.

„Das muss doch Sicherheit geben!", kommt die beschwörende Stimme des Sprechers.

Wenig später fliegt die Zimmertür auf und Beate stürmt mit trötender Vuvuzela den Sozialraum. „Tor, Tor!", schreit sie. „Ich habe es ohne euch nicht ausgehalten. Bei der Sommermärchen-Fanmeile haben sie mich nicht mehr reingelassen, da habe ich mich schnell aufs Fahrrad gesetzt und bin zu euch zurück! Hallo, mein Engel, war das nicht toll?"

Gitti möchte sich von Herzen gern in Beates Arme stürzen, doch plötzlich weicht Beate zurück, Entsetzen im Blick. „Was hast du denn da?"

Ihr ausgestreckter Finger zeigt empört auf Hazels Liebesbisse.

Steffi und Astrid kichern, Manu wendet den Blick ab und ich habe auch keine Lust, etwas dazu zu sagen. Schließlich war es meine schlecht erzogene Katze. Mir ist das peinlich.

„Was ist mit Per Mertesacker los?", fragt indes verstört der Sprecher im Fernsehen. Doch wir haben hier ganz andere Sorgen. Rooney hat sich an die äußerste Zimmerwand zurückgezogen. Australien hat ein Tor gegen Serbien geschossen. Der Sprecher findet, dass das die Situation für Deutschland komfortabler mache.

Beate hat die Hände in die Hüften gestemmt und wartet auf Gittis Antwort.

„Das war doch nur die Katze!" Gitti wirft uns hilfesuchende Blicke zu.

„Welche Katze?" Dazu muss ich kurz einflechten, dass Hazel immer verschwunden ist, wenn Beate auf der Bildfläche erscheint. Das Trampeln von noppenbewehrten Fußballschuhen bringt wohl die Dielen in eine Schwingung, die meine Katze nicht mag.

Beate wartet auf Antwort. Auch die Tatsache, dass Lukas Podolski den Ghanesen Hans Sarpei umgeworfen hat, kann sie nicht ablenken.

Hazel ist hinter den Bildbänden verschwunden und ich stelle mir vor, wie meine Katze feixend den Wortwechsel verfolgt. Zuzutrauen wäre es ihr durchaus.

„Für wie blöd hältst du mich eigentlich? Zieh sofort meinen Fan-Bademantel aus, du Schlampe!" Mit wehendem Bademantel geht Beate vom Platz … äh … ich wollte sagen, stürmt sie aus dem Sozialraum.

Gitti lässt sich in den Sessel sinken, als müsste sie ein Foul verkraften. Wenn sie eine Fußballerin wäre, würde sie sich jetzt wohl mit angezogenen Knien neben Manu auf dem Boden herumrollen, das Gesicht schmerzverzerrt. Aber dann fängt sie sich wieder. „Wir müssen uns jetzt auf das Spiel konzentrieren", murmelt sie patriotisch.

„Mertesacker, jetzt dran mit dem Fuß! Schwieriges Spiel für Cacau", beeilt sich der Sprecher ihr beizupflichten.

„Du kannst allein nach Hause fahren!", brüllt Beate heiser aus dem Flur. Ihre Stimme klingt angestrengt, denn schließlich hat sie schon mehrere Stunden mit dem Ruf „Schland! Schland! Schland!" hinter sich.

„Eine Viertelstunde trennt die deutsche Mannschaft, die nicht glänzend gespielt hat, vom Achtelfinale gegen England!"

„England? Das ist ja fürchterlich!" Manu robbt tiefer unters Sofa. „Komm her, meine Kleine, ich werde dich dann beim Gassi-Gehen einfach nur noch Moppelchen nennen, ja? Nicht böse sein!"

Die Nachspielzeit beginnt. Mir gelingt es schließlich, den verängstigten, immer noch zitternden Hund zu mir heranzuholen. „Ich geh mal mit ihr ins Bad, ja? Da hört man am wenigsten von der Knallerei, die gleich losgeht!"

Manu nickt mir dankbar zu. Ich nehme das schwarz-graue Fellknäuel auf den Arm.

Im Bad sitzt Beate auf dem Badewannenrand und heult.

„Es war wirklich nur die Katze", sage ich.

„Aber wo ist diese Katze?"

„Im Bücherregal, bei den Bildbänden!"

Beate sieht mich skeptisch an. „Aber wieso tut sie das?"

„Sie ist zu früh von ihrer Mutter weggenommen worden."

„Echt?"

Beate scheint ins Grübeln zu kommen, vielleicht wird sie sich ja doch noch mit Gitti versöhnen.

Zum Abpfiff schließe ich das Badezimmerfenster und lege dem Hund ein dickes grünes Frotteehandtuch sanft über die Ohren, während draußen wieder die Knallerei losgeht. Mit dem Gassi-Gehen müssen wir wohl noch warten, bis der Auto-Korso durch ist.

Der Sommer ist vorbei

Christoph Klimke

Die Rückfahrt von der Ostsee nach Berlin ist nicht der Rede wert, schon eher die verrauchte, lange Abschiedsnacht im Dorfkrug, wo Joi mit dem Versprechen verwöhnt wird, im nächsten Jahr werde alles noch schöner. Wie soll das gehen, frage ich meinen Hund und mich, aber der Wirtin und ihren Gästen wird sicher das Richtige einfallen.

Inzwischen hatten Andreas und ich Proben und Premieren in Berlin und anderswo, er lernt Text für Brechts *Im Dickicht der Städte* und ich bereite die Opernuraufführung *Das Holzschiff* nach dem gleichnamigen Roman von Hans Henny Jahnn für die Staatsoper Nürnberg vor. Jahnn, der leider fast vergessene Autor der Roman-Trilogie *Fluß ohne Ufer*, die mit dem *Holzschiff* beginnt, lebte ganz und gar in der Natur, zunächst vor den Nazis in den hohen Norden geflohen, dann aus Liebe zu Land, Leuten und Tieren in Norwegen und Dänemark. Er schlief mit Männern und Frauen, begründete eine eigene Religionsphilosophie, war Orgelbauer, Pferdezüchter und Tierfreak.

Tierfreaks gibt es immer auch rund um das Theater. Im Staatsschauspiel Dresden, wo wir das Stück *Straßenecke* von Jahnn vor Jahren inszenierten, thronte bei der fülligen, schwer sächselnden Pförtnerin ein prächtiger Kater, der sein Theater nie verließ. Und nahe dem Schauspiel Dortmund in unserer Eckkneipe „Bismarckschänke" hätten die Wirtin und ihre ergraute Pudeldame Zwillinge sein können. Auch in der Kantine vom Berliner Ensemble treffen Schauspieler und Mitarbeiter nach den Vorstellungen auf ihre gut betreuten Hunde. Ich aber verspreche, kaum in der Graefestraße angekommen, beim Ausladen des Gepäcks: „Joi, diesen Sommer fahren wir zu den Salzburger Festspielen und nach Kärnten." Joi aber stürmt die Treppe hoch und fliegt förmlich mit wehenden Schlappohren Herrchen Nr. 1 in die Arme.

Monate später. Abfahrt Allersbach runter von der Autobahn und dann Richtung Seligenporten. Hier bietet ein ehemaliges Kloster idealen Unterschlupf für durchreisende Hundefreunde. Das Hotel betreibt eine Gaststätte und eine gute Brauerei, auf deren Bier ich mich schon jetzt freue, doch erst einmal das Zimmer beziehen und raus auf die Felder hinter der Koppel. Nach vier Stunden Autofahrt von Berlin Richtung München haben Joi und ich keine Lust mehr. Wir genießen bayrische Landluft und eben den Tipp, dass vor dem Kloster Feldwege zum Spazieren einladen. Katzen begrüßen uns, ein stürmisches Boxerpärchen samt Frauchen, ein alter Bauer mit seinem noch älteren Dackelmix und die schönen Pferde nicken uns zu, als kennten wir einander. Nach einer Stunde zwischen kriechenden Schnecken und durch Insektenschwärme bittet uns der Abend in das Zimmer und mein Hund bekommt sein Dosenfutter, was er gnädig zu sich nimmt, da ich ihm für morgen Nachmittag Rindergehacktes verspreche, das unser Freund bis dahin eingekauft und durchgebraten haben wird.

Unsere Reise geht nämlich nach Hallein nahe Salzburg, wo Andreas bei der Koproduktion der Salzburger Festspiele mit dem Berliner Ensemble in Sophokles' *Ödipus auf Kolonos* mal wieder in der Regie vom zeralterten Peter Stein und neben dem sich breitmachenden Brandauer spielt.

Zwei Wochen waren Joi und ich allein in Berlin, aber ich bot dieser Freundin ein gutes Sommerprogramm: morgens natürlich Landwehrkanal mit den üblichen Verdächtigen; gegen Mittag der Görlitzer Park mit dem Hürdenlauf über Grillreste oder bei zu großer Hitze dann doch gleich zum Grunewaldsee. Abends trafen wir Freunde in den Straßenkneipen. Einen Tag vor unserer Abfahrt zeigte das Thermometer 42 Grad am Alexanderplatz und das um 17 Uhr. Wir wollten aus dem Auto dank Klimaanlage gar nicht mehr aussteigen, zogen dann aber so gegen 20 Uhr zum ersten kalten Bierchen.

Dagegen ist der Abend südlich von Nürnberg kühl und das Bier schmeckt trotzdem genauso gut. Leberknödelsuppe und Obazda mit Bauernbrot. Joi findet meine Wahl erstklassig und ich sinke nach dem einen oder anderen Rotwein plus Gespräch mit den sogenannten Einheimischen ins Klosterkissen, ohne von knackigen Mönchen zu träumen.

Andreas weckt mich per Handy morgens um sieben Uhr. Gassi, Frühstück und weiter geht's. Nach drei Stunden durch üppiges Grün, Felder und Wälder, durch das saubere Postkartenbayern, erreichen wir Österreich und Hallein. Großes Liebeshallo mit Andreas und wir beziehen seine Behausung hoch über dem Ort. Die kräftige Wirtin und ihr ebenso kräftiger Mann, die an Gutemine und ihre Gatten Majestix bei Asterix und Obelix erinnern, heißen uns herzlich willkommen und ihre beinahe gegerbte Haut lässt auf ein Leben draußen in der Natur schließen. Wir erinnern uns an den lustigen Idefix und natürlich an unser aller Lieblingshund Snoopy, der entspannt und clever Charlie Brown austrickste, wozu wahrscheinlich nicht viel gehörte. Die

Helden unserer Kindheit waren Fix und Foxi, Kater Karlo, Donald und seine Feinde und Freunde, Pluto und Lupo, Tom und Jerry, aber auch die schwarz-weißen Zeichentrickfilme mit Tieren als Protagonisten, allesamt sympathischer als die heutigen ewigen Zoosendungen mit nervend verständnisvollem Personal. Da war doch Professor Grzimek ein Krimi dagegen, wusste er in jeder seiner Sendungen *Ein Platz für Tiere* von mindestens einem Tierpfleger zu berichten, der in seinem deutschen Zoo zerstückelt, aufgefressen oder zumindest angegriffen wurde. Heinz Sielmanns *Expedition ins Tierreich* brachte uns die Vogelwelt näher und Jacques Cousteau die Unterwasserwesen. Er sprang immer braun gebrannt und mutig in die fernen Fluten und suchte zwischen Seepferdchen und Haien nach dem uns Unbekannten. Der ständige kichernde Delfin Flipper ging mir auf den Keks, Lassie, der schöne Collie, wäre da eher mein Freund geworden oder gleich der dicke Hund Bootsmann aus Saltkrokan. Tarzans Affen mochte ich so wenig wie Judy, Daktaris Schimpansin, für deren Herrchen viele Jungschwule schwärmten, schließlich trug er die schicke Uniform. Den schielenden Löwen Clarence hätte ich mit ins Bett genommen, aber nun ruht ein kleiner Mischlingsköter neben seinem geliebten Hauptherrchen und mir. Auch nicht schlecht.

Vormittags erkunden wir die Umgebung. Die Wolken hängen an den Bergen fest, während sich die grünliche Salzach durch ihr Bett wälzt. In der Weite des Tales fallen Schüsse der üblichen, Blut leckenden Jäger. Vorsichtig muss man auf dem Land sein, da auch die Bauern auf alles schießen, was frei herumläuft. Am zweiten Abend gehe ich in die Premiere auf der Perner-Insel und wir lassen Joi bei einer Freundin. Nach bald drei Stunden ist es vollbracht, über die Inszenierung bitte kein Wort, aber unser Hund ist begeistert. Von uns.

Beim Frühstück die Zeitungslektüre: In den letzten drei Monaten ist eine Milliarde Liter Erdöl in den Golf von Mexiko geflossen. Ich erinnere mich an die ersten Bilder von ölverschmierten Pelikanen nach den ersten Tagen der BP-Tat. In den Medien wurde gemutmaßt, es könne sich um Opfer der Öl-Katastrophe handeln. Ach was! Vielleicht waren es aber auch Selbstmörder, die das gute Meer und die schönen Strände einfach nicht mehr ertrugen, oder wie?

Noch ein Wort zu Flipper. Ich habe von Delfinen gehört, die für diese dämlichen Shows trainiert werden und sich das Leben genommen haben sollen, weil sie den sie quälenden Schwachsinn nicht mehr ertrugen. Die Aktivatmer stellten die Atmung ein. Diesen Gefallen wollen die Verantwortlichen der Zerstörung der Meere uns wohl nicht tun. Let's make money ist der vermeintliche Konsens der Gewinnmaximierer, koste das, was es wolle: Menschen, Tiere, die Natur. Vielleicht sind die Bilder der im Öl verendenden Pelikane wenigstens für manche ein Umdenken zur Umkehr. Nicht die Rückwärtsgewandtheit, sehr wohl aber die Rückgewinnung dessen, was dem Gewinn nicht zur Verfügung stehen darf, wäre eine Revolution.

Menschenfreunde sind nicht unbedingt Tierfreunde und umgekehrt gilt wohl das Gleiche. Aber die Qual der Wahl peinigt uns bei unseren Hunden nicht. Andreas und ich können uns keinen Hund aussuchen. Ein einziges Mal waren wir nach Pazzas Tod im Berliner Tierheim und das war sinnlos. Tiere müssen auf uns zukommen und dann nehmen wir sie, wie sie sind, in der Hoffnung, sie nehmen uns, wie wir sind.

Warum wir beiden Männer immer Hündinnen wollen und einige verpartnerte Frauen kennen, die ihr Leben lang Rüden haben, mag ein Fall für den Psychologen sein. Joi jedenfalls hat momentan eine Verehrerin namens Ina. Die prächtige Gebirgsschweißhündin gehört unseren Vermietern hier oberhalb von Hallein und ihr Herrchen ist sicher ein leidenschaftlicher Jäger. Den Alltag aber verbringt Ina mit ihrem Frauchen, von uns – wie gesagt – Gutemine genannt, die den ganzen Tag auf dem Hof arbeitet und mit Töpfen und Besen klappert, während Majestix aufs Feld muss oder vielleicht auch will, da seine Gattin nicht ganz unanstrengend ist.

Ina und Frauchen sind sich sogar ähnlich, nicht in der Eleganz, aber in den Verlautbarungen. Unsere Wirtin redet den ganzen Tag mit sich, den Tieren und Nachbarn und schimpft, wenn Ina ständig anschlägt. Ina aber hat sich in Joi verliebt. Ganz vernarrt ist die Dreijährige in die doppelt so Alte, die es gnädig gewähren lässt, wenn die Jungsche sie ständig beschnuppern und auch besteigen will. Wird Ina zu lästig, knurrt Joi kurz oder setzt sich einfach hin und schaut weg, als wäre damit der andere Hund aus ihrem Leben verschwunden.

Morgens schon steht Ina unter unserem Balkon und wartet, dass die Angebetete sich zeigt. Wir frühstücken draußen und unser Hund würdigt seine Verehrerin eines kurzen Blickes, bis die beiden später im Hof im Kreis um sich herum um die Wette rennen. In Malaga hat sie sich sicher nicht immer der Verehrer entledigen können und wir wissen nicht, wie oft sie wohl geworfen hat. Ob sie auch schöne andalusische Freundinnen hatte, ist uns ebenfalls unbekannt.

Hunde leben wie Kinder im Hier und Jetzt, sie wissen nicht, was morgen sein wird, und lassen sich auch nie vertrösten. Deshalb sind Tierarztbesuche oft schlimm, denn da hilft kein tröstliches Wort des Menschen, der seinem Hund ins Ohr flüstert: Wird alles nicht so schlimm oder: Die Wunde ist in ein paar Tagen verheilt. Ina aber wird ein gutes Leben hier in den Bergen haben. Die einzige Gefahr für sie besteht darin, von einem betrunkenen Wochenendraser überfahren zu werden.

Joi und ich werden gleich unseren Andreas, der gerade seine Tasche mit Textbuch und Brieftasche für den Feierabend-Wein packt, zur Vorstellung ins Tal fahren, um danach zu zweit die Kneipe zu erkunden. Der Hund sieht mich an. Solche Blicke wecken unmittelbar Gefühle und das gelingt selbst bei den verstelltesten Intellektuellen. Sie durchbrechen unsere Isolation und bestätigen die Notwendigkeit unseres Daseins – ein seltenes Erlebnis. Der Mond und die Sterne bleiben dabei ungerührt; übrigens auch gegenüber der Tatsache, dass wir oft unseren Tumult mit Vitalität verwechseln. Der Schmerz, wenn ein geliebtes Tier nicht mehr vorhanden ist, ist so groß wie die Zusammengehörigkeit. Für den oder die Geliebte ist diese Wunde unvergleichlich. Das Leiden der Tiere, ihre Tragödie enthalten kein Versprechen auf eine bessere Zukunft und auf unsere schon gar nicht. Zudem gibt es einen oft auch dekadenten Tiermarkt. Wir kaufen feinste Delikatessen für die Vierbeiner und nur Tausende von Kilometern entfernt sterben Kinder an Unterernährung. Als wäre das der Lauf der Dinge, versuchen viele Hoffnung durch Konsum zu ersetzen und für Mitleid ist kein Platz mehr in dieser Ordnung. Jedes Mitglied widerspräche ihr. Dafür können die Tiere nichts, auch nicht unser Hund, der aus dem Fenster in den Nebel schaut, der aus der Salzach steigt. „Bis gleich!", verabschieden wir den Andreas. „Bis gleich!", verspricht er uns. Und morgen reisen wir drei weiter.

Joi ist ganz eifersüchtig, denn Graui umschleicht meine Beine, springt schnurrend auf meinen Schoß und will gestreichelt werden. Die Katze gehört zwar nicht zum Haus, ist aber stets willkommen. Sie hat gerade geworfen und ihre Jungen werden, wenn sie gesund und stark sind, sich durchsetzen und Mäuse fangen wie ihre Mutter, oder der Fuchs oder Bussard töten sie. Wir sitzen draußen vor dem Haus, die Sonne geht unter und der Bruder unserer Freundin, die uns hier in St. Margarethen hoch über dem Städtchen Bleiburg Quartier gibt, besucht uns auf ein Bier. Hanno, sein Jagdhund und Jois glühender neuer Verehrer, ist dabei und Herrchen erzählt, dass er Hannos Vorgänger, als er alt und krank war, nicht erschießen konnte, obwohl die Bauern das ganz einfach tun, wenn es Zeit ist. Schließlich schlachten sie das Vieh und der Hofhund ist für sie kein Haustier. Aufpassen

soll er und das erlegte Wild auffinden. Wenn auf der Jagd der
Schuss fällt, wird Hanno völlig unruhig, da er seinen Job gut
machen will. In dieser Dämmerung bleibt er jetzt eng bei seinem
Herrchen, vielleicht geht es ja doch noch auf die Jagd.

Eine Woche bleiben wir in dieser Kärntner Idylle und tre-
ten bei den Bleiburger Theatertagen auf: Andreas spielt seinen
Hölderlin-Monolog und ich lese mit ihm aus meinem Lorca-
Buch. Vor einem Jahr haben wir in dem Geburtsort von unserem
Freund, dem Regisseur und Choreografen Johann Kresnik, ein
Stück über den jüdischen Dramatiker Jura Soyfer, der von den
Nazis umgebracht wurde, auf die Bleiburger Bühne im slowe-
nisch-sprachigen Kulturnidom gebracht. Immerhin hat dieser
1500-Seelenort ein eigenes Theater. Die Nähe zu Slowenien erklärt die Zweisprachigkeit vor allem der älteren Generation und
den bis heute schwelenden Konflikt zwischen den „Nazis" und
den „Partisanen", wie unser Regisseur spottet.

Beim zweiten Bier sehen wir, dass eines der Schweine über die
Wiese rennt. Im nächsten Januar gibt's Salami und Braten. Auch
das ist hier so. Andere Verwandte züchten neben der Landwirt-
schaft Dammwild und alle helfen sich mit dem Fehlenden aus.
Wir beneiden diese beinahe autarke Lebensweise, die an frühere
Zeiten erinnert.

Das Kuhglockengeläut ist verstummt, Hanno liegt neben Joi
und Graui ist bei ihren Jungen. Das friedliche Nichtstun unserer Tiere, die mal stolz, mal verschlossen oder geheimnisvoll uns
mit ihnen leben lassen, die mit uns sprechen oder ich mit ihnen,
wenn ich mich unbeobachtet weiß, dieses Miteinander ist keine
Vermenschlichung dieser Nicht-Menschen, es gemahnt uns an
das, was Sigmund Freud mit den Worten meint, wer seinen Hund
nicht mag, mit dem muss etwas nicht stimmen. Wohl wahr.

Ein Gewitter zieht auf. Erste Blitze über dem Hausberg, der
Petzen, fernes Grollen, die Hunde werden unruhig und wollen
ins Haus. Hanno kommt in seine Hütte, Joi mit uns in die Kü-

che und Graui wird sich mit ihrem Wurf in die Scheune verkriechen. Von einer Sekunde auf die andere schüttet es aus dem tief schwarzen Himmel und der Bergsaum, die Wälder und Höfe scheinen nur für einen Moment im Blitz auf. Morgen werden wir Pfifferlinge sammeln können, die jetzt nach dem Regen aus dem Boden schießen. Nun hocken wir drei bei einem Kirsch-Schnaps am Küchenfenster, Joi natürlich ohne Schnaps. Sie träumt vielleicht vom Nachbar Hanno, den die Sterilisierte offenbar betört.

Das Liebesleben von Tieren erweist sich als mindestens so bunt oder skurril wie das unsere: Männliche Breitfuß-Beutelmäuse sterben unmittelbar nach dem Geschlechtsakt unter Blutungen. Bei Tiefsee-Anglerfischen gibt es Liebe auf den ersten Blick: Sie schwimmen so tief unten, dass sie kaum etwas sehen können. Haben sie sich aber gefunden, beißen die Fische sich ineinander fest und bleiben auf immer zusammen. Laubenvogelweibchen hingegen sind äußerst wählerisch. Sie sehen sich die Laube, die das Männchen gebaut hat, an und nur dem Erbauer der schönsten Behausung schenken sie ihre Gunst. Grauschabenweibchen stehen auf Verlierer. Nur die Männchen, die von anderen herumgeschubst werden, sind begehrenswert. Die Perugia-Kärpflinge wiederum lieben die buntesten und größten Artgenossen. Guppyweibchen können Angeber durchschauen. Nachtigallmännchen sind wahre Minnesänger. Grillen und Skorpionsfliegen geben einander beim Sex einen aus und Albatrosse lernen sich beim Tanzen in der Luft kennen. Pinguindamen entnehmen den Nestern ihrer Liebhaber Baumaterial für das eigene und lassen sich so bezahlen.

Unsere Hündin hat sicher mehrfach geworfen, als sie noch auf den Straßen von Malaga unterwegs war. Ob ihre Jungen überlebt haben, ist natürlich ungewiss. Jetzt aber vertraut sie sich uns an, die wir vor dem Schlafen noch einmal nach draußen gehen. Die Wolken sind fort. Die Wälder dampfen. Unten im Tal die kleinen Lichtpunkte der Autos der Nachtschwärmer.

Wie würde ich leben, wäre ich hier geboren. Vorurteile gegen alle, die anders sind, werden bis heute gepflegt. So wie man die Vergangenheit verschweigt, redet man nicht über die Tabus. Tatsächlich könnte man hier Lorcas Stücke aufführen, Dramen eines Lebens zwischen meterdicken spanischen Wänden in einem Gefängnis der Träume.

Wir schließen die Tür ab, der Hund liegt längst im Bett und ist uns wie immer um einiges voraus.

Wir genießen die knappe Woche des Kärntner Sommers. Freund Kresnik erzählt von seiner Kindheit, von den Ochsen, die den Karren zogen, von endlosen Sonnenblumenfeldern, von den Kreuzottern, denen er beim Sich-Häuten zugeschaut hat. Früher gab es hier auch Geier, denen die Schlangen willkommene Nahrung boten. Schwarzbeerklauben, Reisig-Hacken, die Füchse mit Strychnin vergiften, auf den Weizenfeldern arbeiten, sich unter den Kartoffeln verstecken, Angst vor den Partisanen, Angst vor den Nazis, der Schmuggel mit Kaffee, Pferden und Ochsen über die Grenze, Hausmusik, Kuhdreck, Sumpf, Obstbäume, Mäusefangen, Essen, Beten, Schlafen, der Most, die slowenischen Lieder, der Harmonikaspieler, Worte und Bilder aus einer anderen Zeit.

„Der Sommer ist vorbei", bellen Ina und Gutemine uns entgegen, als wir das Halleiner Quartier wieder beziehen. „Mir ist das eh wurscht", fügt unsere Wirtin gelassen hinzu und scheint sich tatsächlich über die Heimkehr ihrer zwei schwulen Gäste plus Hund zu freuen. Waren sie, ihr Mann und Sohn, anfangs skeptisch gegenüber dieser Menage à trois, schenkt sie uns nun zum Empfang eine Flasche Selbstgebrannten: „Für meine Lieblingsgäste!" Ja, auch hier im Salzburger Land tut sich etwas.

Es ist Mittag und fast noch heiß wie in Kärnten, aber der Tauerntunnel scheint die Wetterscheide zu sein. „Am Wochenend kommt schlechtes Wetter", prophezeit die Gute und wird Recht behalten. Ina und Joi ist das ebenfalls wurscht, beide haben gute Laune und schauen uns beim Kofferschleppen zu. Dann geht's runter an die Salzach. Wir parken wie immer am Wäldchen, in dem sich ein Hundeplatz befindet. Hier trifft sich ganz Köter-Hallein und unser Tier freut sich über den riesigen Oskar, eine Mischung aus Retriever und Königspudel, über die anstrengende Schäfer-Mischung Mira und all die anderen Stammgäste. Dann laufen wir am Fluss entlang. Die Grillen zirpen ein letztes Mal um die Wette. Bislang nie gesehene schwarze Eichhörnchen flitzen die Bäume hoch. Die Hochsitze sind leer und niemand kommt uns entgegen. Morgen wollen wir ins Bluntautal hinauf zur Bärenhütte und dann im Göllhof Fisch essen. Als Vegetarier hätte man in Österreich keine Freude, schließlich wird hier meistens Fleisch verspeist und das in unglaublichen Mengen. Mal eine Forelle, mal ein langweiliger Zander, aber wirkliche Auswahl an Fischen oder vegetarischer Küche gibt es kaum. Ich aber brate für uns heute Mittag Dorschfilets und für den Hund – natürlich ungewürzt – auch. Vielleicht war Joi in ihrem früheren Leben ja eine Katze, denn Fisch ist ihr Lieblingsessen.

Die Fleischproduktion ist bei uns vielerorts immer noch ein Desaster. Laut Zeitung gibt es in der Massentierhaltung Halsschnittautomaten und die Arbeiter dort müssen den Tieren, die diese Maschine überlebt haben, die Kehle durchschneiden. Die Viecher werden so eng wie möglich gehalten, krank können sie ruhig werden, Hauptsache, sie sterben nicht. Die Masttiere werden zur Sache. In Deutschland werden 40 Millionen für die Eierproduktion unbrauchbare Hahnküken bei lebendigem Leib geschreddert oder vergast.

In der Truthahnmast gibt es außer den Tieren nichts Natürliches. Die Truthähne lernen keine Erde und kein Mondlicht kennen. Die Mastzucht erreicht, dass die Tiere immer schneller zunehmen und kürzer leben. Dazwischen verenden unzählige, die einfach liegen blieben, zerhackt werden oder austrocknen.

Vor 3,4 Millionen Jahren sollen unsere Vorfahren bereits Steinwerkzeuge dazu benutzt haben, Fleisch von Tierknochen zu schaben. Auch ich bin ein Fleischesser und somit klingt jedes Mitleid heuchlerisch. Krähen wollen ihren im Zweikampf zerrupften Artgenossen zu Hilfe kommen und ihnen den Nacken kraulen. Das getröstete Opfer legt den Kopf nach hinten, schließt die Augen und genießt. Auch Schimpansen, Bonobos, Gorillas, Wölfe und Bärenmakaken trösten Geschundene. So umarmen und lausen Affen die Verlierer, Bonobos bieten sich zum Geschlechtsakt an, Wölfe und auch unsere Hunde lecken und beschnuppern die Loser und möchten mit ihnen spielen. Sie spüren die Gefühle der anderen und wollen die Depression lindern. Manchmal ist solch intelligentes Verhalten auch Selbstschutz, könnte der Ungetröstete schließlich aggressiv werden. Die Verwandtschaft spielt da keine Rolle, sondern die Bindung: Die Tiere, die am meisten Zeit miteinander verbringen, sich vielleicht gar das Futter teilen, helfen einander. Dass wir Menschen manchmal auch Fremden zur Seite stehen, ist unsere immer seltener werdende Errungenschaft. Wir müssen ja nicht jeden umarmen und lausen, aber da so viele zwar nicht in Käfighaltung leben, aber Erde und Mondlicht nur noch aus dem Internet kennen wollen, müsste uns ab und zu eine Nackenmassage unter freiem Himmel ganz gut tun.

Die letzten Tage in Hallein vergehen in tröstlichem Gleichmaß. Um acht Uhr weckt Joi Andreas und die beiden machen die immer kürzer werdende Frührunde, schließlich weiß der Hund, dass ich inzwischen das Frühstück zubereite. Schnell erledigt das Tier sein Geschäft und will sogleich wieder umkehren. Übrigens hat unsere Hündin ihren Rekord von fünf Käckerchen gebrochen: gestern hat sie über den Tag sieben Haufen gemacht, die wir in den Abfalleimer am Wegesrand in den hier „Gassi-Säckchen" genannten Abfalltüten entsorgen. Wimbledon zu gewinnen ist nichts gegen diese Verdauungsleistung, die natürlich belohnt werden will.

Nach dem Frühstück geht es bei schönem Wetter, das sich mehr und mehr rar macht, in die umliegenden Täler. Bei schlechtem Wetter kochen wir zu Hause und bei gutem nehmen wir das Mittagsmahl in einem Gastgarten ein. Schlafen, schreiben, lesen, dösen. Am Abend geht's mit oder ohne Herrchen Nr. 1 ins „Kastro", Jois Lieblingsbar, da der Chef sich in unseren Hund verliebt hat und seine Liebe in Leckereien weiterzugeben weiß. Der Chauffeur hingegen muss sich mit zwei Bieren begnügen, schließlich will das Tier am Ende des langen Abends wieder hinaufgefahren werden.

Die Täler hier sind nicht nur zum Wandern ideal. Imposant sind das tiefgrüne, die Felsen überwuchernde Moos und die Bäume, die aus diesem uralten Gestein zu wachsen vermögen. Bei Regen springen dir die Frösche vor die Füße und die platt gefahrenen Viecher werden von Vögeln entsorgt. Manchmal begleiten Haflinger dich ein Stück des Weges. Sie trotten wie in der Zirkusarena einfach hintereinander her. Nervend sind nur die Mountainbiker, die in ihrem zu engen, bunten Dress mit Helm aussehen, als zögen sie in einen Gebirgskrieg. Die meisten, von der Sonne verbrutzelt, entwickeln einen Angst einflößenden, verkrampften Ehrgeiz, der ihre Gesichter uralt aussehen lässt.

Vor sieben Jahren war ich schon einmal in der Spielstätte auf der Perner-Insel hier in Hallein. Johann Kresnik und ich haben für die Salzburger Festspiele *Peer Gynt* auf die Bühne mitten in der Salzach gebracht. Erst zur Premiere kam Andreas mit unserer alt gewordenen Schäferhündin, die nur noch schwer laufen konnte. Doch unser Vermieter stellte sich als Tierfacharzt für Orthopädie heraus und gab Happy Spritzen und Medikamente, die das große Tier noch eine gute Zeit haben schmerzfrei leben lassen. Nicht nur Menschenärzte können etwas oder eben nicht.

Hat mein Freund Vorstellung, treffen wir uns danach im Hof vor der alten Industriehalle aus Holz.

Hallein war ein blühender Umschlagplatz für Salz. Und hier wurde das Weihnachtslied *Stille Nacht, heilige Nacht* getextet und komponiert. Spät nachts dann sehen wir die Fernsehnachrichten und die schrecklichen Bilder und Berichte aus den Überschwemmungsgebieten in Pakistan. Naturkatastrophen nehmen überall zu. Wenn man das daraus entstehende Elend sieht, gilt wohl der Satz des portugiesischen Dichters Fernando Pessoa: „Wenn das Herz denken könnte, würde es aufhören zu schlagen." Respekt vor der Natur zu haben und zu pflegen, ist es hierzu zu spät?

In Deutschland leben über 100 Millionen Tiere in der Obhut von Menschen. Der Tierschutz steht inzwischen als Staatsziel im Grundgesetz. Viele kämpfen gegen Tierversuche und manche warten auf die Ergebnisse von medizinischer Forschung mit Hilfe von Versuchstieren, da es für sie um Leben und Tod geht. Eisbären im Zoo werden bewundert, Halbaffen in Laboren bemitleidet. Wölfe sind domestiziert worden und fettsüchtige Hunde, herzkranke Chihuahuas mit deformierten Köpfen, genetisch verkrüppelte Bassets, faltige Shar-Peis oder Cavalier King Charles Spaniels mit dem im zu engen Schädel eingezwängten Hirn werden qual-gezüchtet. 2,6 Milliarden Euro geben wir Deutsche pro Jahr für Tierfutter aus, den Großteil, um 5,5 Millionen Hunde und 8,2 Millionen Katzen zu ernähren. In einem deutschen Schlachthof werden bis zu 600 Schweine in der Stunde getötet. Ein „Stecher" sticht mit einem Hohlmesser ins Herz oder in die Hauptschlagader. Die Tiere, die das überleben, sterben dann im Siedebad, wo ihnen Haut und Borsten abgebrüht werden. Letztlich können so etwas nur die Konsumenten verhindern. Wenn wir mit Affen seelenverwandt sind, sollten wir wohl nur Experimente an ihnen durchführen, die wir auch an Menschen gestatten. Immer mehr und immer billiger wollen wir speisen. Das Leid der Menschen und auch Tiere in Pakistan können wir nicht nachvollziehen. Unser Mitleid beschränkt sich bestenfalls und immerhin auf eine Spende. Leiden ist nicht übertragbar: Freunde erkranken schwer, jemand verliert seine Partnerin oder seinen Partner. Ein anderer muss sein geliebtes Tier einschläfern lassen. Leid ist wohl immer absolut. Aber machtlos sind wir nicht in allen Fällen.

Heute stehen wir früh auf, schließlich haben Joi und ich den langen Rückweg vor uns. Andreas bleibt noch, er hat eine weitere Vorstellung zu spielen und ich will nicht in den Rückreiseverkehr geraten. Die Ferien in Berlin sind bald vorbei und somit heißt es: das Auto beladen und meinen Freund in Hallein vor dem Hotel absetzen. Kuss und bis übermorgen! Wir fahren den Berg runter, Ina bellt uns hinterher. Unsere Hündin sitzt wie die Prinzessin auf der Erbse in ihrem Korb auf der Rückbank.

Unten im Tal gleißen die Autos auf der Autobahn im morgendlichen Sonnenlicht. Aus der Zellstoff-Fabrik steigt dicker Qualm auf und in der Ferne ist das kitschige Salzburg zu sehen. Es geht Richtung München, dann Nürnberg und mal sehen, wo wir heute Nacht schlafen werden.

Schlechte Nachrichten von unserem besten Freund Mario Wirz haben uns schwer getroffen. Mit ihm habe ich das Buch *Nachrichten von den Geliebten* geschrieben, in dem es auch zwei traurige Hundegeschichten gibt. Morgen bin ich in Berlin und will Mario so bald wie möglich mit Joi besuchen. Vielleicht können wir ihm helfen, aber ganz sicher ist dieser Sommer vorbei.

Mit Mario habe ich ein weiteres Buchprojekt vor: Wir wollen Geschichten zum Thema „Glück" schreiben und das werden wir auch. So trotzen wir den Gegebenheiten. In traurigen Momenten greifen wir manchmal zu den alten Fotos und betrachten die, mit denen wir unser Leben teilen, ob sie uns schon verlassen haben oder nicht. Ja, das nehme ich mir für die nächsten Tage vor. Die geliebten Wesen, ob Mensch, ob Katze oder Hund, ich will sie wieder mehr in mein Leben lassen. Und Joi zwinkert mir zu, als wäre sie ganz und gar einverstanden.

Katertage

Sarah Mondegrin

Zyniker in ihrer Umgebung behaupten zu gern, dass ein Kater ihr immer mehr bedeutet hatte als ein Vater. Nur hüten die gelegentlichen Zyniker sich davor, dies laut zu äußern, da seltsamerweise jeder Kater sie eifersüchtig beschützt. Ohne Weiteres könnte sie ein Wachschutzunternehmen mit einem Kater-Team in ihrem Viertel etablieren, doch sie hat andere Pläne.

Der amtierende Kater ist grau-getigert, mit einer sahneweißen, flauschigen Brust und ausgesprochen großen Pfoten. Obwohl schon neun Jahre alt, hat er nicht so gut gelernt, die kräftigen Krallen einzufahren.

Kater haben in ihrem Leben immer den Vorteil geboten, da zu sein. Nur wenigen Wesen wohnt nach ihrer Erfahrung eine solche, zuweilen fast majestätische Präsenz inne wie manchen Katern. Dort, wo ein Kater da ist, wird gleichsam Platz geschaffen für den Moment und das Innehalten selbst. Dort regiert die

Gegenwart – sie bringt eine Schleppe aus Stille mit sich – und wortloses Behagen.

Seit vielen Jahren hat es in ihrer Gegenwart viele Kater gegeben, aber tatsächlich kaum einen Vater. Beziehungsweise waren es zwei gewesen, der eine dubios in einem fernen Meer aus Vergangenheit und Vermutung umherpaddelnd und in konstanter Abwesenheit verharrend, der andere zwar seit ihrem vierten Lebensjahr vorhanden, durchaus auch liebevoll – und doch von seltsamer Unerreichbarkeit. Vor einigen Jahren dann hatte der Adoptiv-Vater sich in einen Vaterhimmel zurückgezogen, der vermutlich nicht auf einer Abgrenzung zwischen biologischer und sozialer Vaterschaft bestand. Zuvor war er ein bettlägeriger Bewohner des Planeten Dementia gewesen.

Die unangenehmen Dinge in ihrem Leben hatten von jeher mit dem Buchstaben A begonnen, sodass sie einen geheimen folgerichtigen Faden zwischen Adoption und Alzheimer vermutet. In beiden Fällen geht es ja um das Vergessen und die Freiwilligkeit des Vergessens kann sowohl hier als auch dort bestritten werden.

Der amtierende Kater in ihrem Leben liebt die Rituale mehr als alle anderen Kater, die sie jemals kannte. Man könnte fast – und die Zyniker würden nicht zögern, es zu tun – von einer Kater-Beamtenseele sprechen. Der Tag hat in den Augen dieses Katers – nennen wir ihn George, Sister George – so zu beginnen, dass sie – zu den Zeiten, wenn sie ihn betreut, was mehrmals im Jahr für einige Wochen der Fall ist – am Morgen ihren Milchkaffee im Wintergarten in einem ganz bestimmten Korbstuhl einzunehmen hat. Ihre Anwesenheit hat allerdings den einzigen Zweck, dass der Kater seinen äußerst dringlichen Termin auf ihrem Schoß wahrnimmt. Terminausfälle kommentiert der Kater mit aufgebrachtem, kehligen Maunzen und einem äußerst missbilligenden, bösen Blick. (An dieser Stelle kommen wieder die glücklosen Zyniker ins Spiel, die es sich nehmen lassen, den Kater als charmanten Tyrannen zu bezeichnen.)

Übrigens ist der böse Blick im Singular wörtlich zu nehmen. Dieser Kater hat nur ein Auge. Es ist groß und von changierendem Grün. Das andere ist ihm in früher Jugend abhanden gekommen, was ihn jedoch nicht davon abhielt, ein äußerst behagliches und zufriedenes Leben zu führen.

Auch der Sturz aus einem Fenster im dritten Stock in der Christinenstraße hatte ihn nur temporär beeinträchtigt. Mehrere Wochen musste er im Jahr 2001 – das gebrochene Becken mit Metallstücken großzügig vernietet – in einem Laufställchen verbringen. Damals war er noch jung und der Bewegungsdrang groß. Umso heftiger die Empörung über den eingegrenzten Radius des Laufställchens. Seine Besitzerin vermutet, dass seine Mutter die Nachfahrin einer wilden Waldkatze gewesen sei. Das graue Tigerkleid und die stattliche Statur deuten darauf hin. Überhaupt ist alles an diesem Kater groß: sein Körper, sein Appetit und sein Eigensinn.

Vielleicht hatte ja auch seine Mutter im fernen Brandenburg schon jeden Morgen eine imaginäre Stechuhr gedrückt, um sich täglich um 7.30 Uhr zum Schnurren auf einer bestimmten Astgabelung einzufinden. Die imaginäre Astgabelung würde die Vorliebe des Katers für das Sich-Übergeben aus größerer Höhe erklären. Dafür sucht er gern eine bestimmte Etage seines mit Teppich ausgepolsterten Schlafbaums im Wintergarten auf, um mit vorgerecktem Hals den Mageninhalt auf die Fliesen zu entleeren.

Einen regelmäßigen Termin gibt es für diese Amtshandlung glücklicherweise nicht.

Die Hundewitwen

Sarah Mondegrin

Wenigstens morgen will ich die Erste sein! Für eine Nachteule ist das gar nicht so leicht. Kurze Nächte können schöner sein! Doch es hilft nichts.

„Um sechs Uhr wird aufgestanden!", sage ich mit strenger Stimme zu meinem Betreuungshund. „Oder kannst du morgen mal ausnahmsweise aufs Gassi-Gehen vor meinem ersten Kaffee verzichten?" Der sanfte Irische Setter lümmelt sich in seinem schwarz-grün-karierten Riesenkörbchen. Im Augenblick sieht er kompromissbereit aus. Doch morgen früh werde ich wahrscheinlich wieder die rotbefransten Pfoten hektisch auf dem Parkett herumtrappeln hören. Bisher habe ich es nicht gewagt, trotz der vom Setter signalisierten morgendlichen Dringlichkeit meinen geliebten ersten Kaffee im Bett zu trinken. Hundepipi aufzuwischen, macht keinen Spaß!

„Wenigstens musst du keine Gewinn-und-Verlust-Rechnung abliefern!" Von Bilanzformularen scheint das Tier noch nie gehört zu haben, glückliches Geschöpf! „Wenn ich dort um sieben vor der Tür stehe, komme ich gleich mit den ersten ‚Kunden' in die Eingangszone!" Der Hund schaut seriös. Er ist ein ganz guter Zuhörer, fast so gut wie Jamie. Felix hat meistens mehr mit Jamie gesprochen als mit mir, eine unerfreuliche Erinnerung. Ich blende den Gedanken aus. Darin bin ich gut. „Und wer das geschafft hat, steht sich zwar noch eine weitere Stunde die Beine in den Bauch, aber das wenigstens im Warmen! Und man sichert sich einen Sitzplatz in den Wartezonen, weißt du? Du musst dir das so ähnlich vorstellen wie die Ebenen bei einem Computerspiel, Putzelein! Aber du warst wohl noch nie beim JobCenter?"

Der Setter legt den Kopf mit den lockigen Ohren schief. Sehr süß. So ähnlich hat Jamie geguckt, wenn sie bei Felix nicht landen konnte und mich wegen eines Leckerchens anschmachtete. Nein! Vor dem Einschlafen möchte ich wirklich nicht daran denken! Heute ist Selbstschutz gefragt! Ich gieße mir ein Gläschen von dem Birnenlikör der Hundebesitzerin ein. Sie hat mir ausdrücklich erlaubt, alles zu essen und zu trinken, was hier so herumsteht. Der Likör läuft samtig meine Kehle hinunter. Das beruhigt die Nerven. Nur gut, dass ich nicht ständig ohne Termin beim „Joop-Center" antanzen muss! Was soll's? Kein Alkohol ist auch keine Lösung! Trotzdem stelle ich die Flasche weg. Morgen brauche ich einen klaren Kopf. „Jetzt ist Schluss!", teile ich dem Hund mit. Das Tier grunzt.

Zum letzten Mal kontrolliere ich meine ausgedruckten Berechnungen. Dann wandern sie in den Ordner, den ich extra für meine Korrespondenz mit dem Center angeschafft habe. Mein Opa Horst, der hätte schon bei dem Gedanken an das Haus, vor dem ich mich morgen einfinden muss, die Faust geballt. Um acht wird geöffnet. Ich werde mich dick einmummeln, um die Stunde in der Kälte besser zu überstehen. Die Thermoskanne mit Kaffee kommt mit! Bei diesem Wetter braucht man was Warmes.

Februar! Auch das noch! Mein Opa Horst, der Stahlkocher, der hätte gleich die rote Fahne vor dem JobCenter geschwenkt. Habe ich von ihm meinen Sinn für Dramatik geerbt? Aber die Drama-Gene vom Opa haben wohl in meinem Genpool ein paar Drehungen und Windungen hingelegt, gelinde gesagt. Meine Eltern haben mir als Baby hoffnungsvoll seinen Namen gegeben: Horst. Er war der Vater meines Vaters, ein richtiger Patriarch. Schon als Junge fand ich den Namen Horst unpassend für mich. So hießen alte Schauspieler aus den fünfziger Jahren. Und ich, ich war ein Kind der Siebziger. Mit dem Namen kam ich mir vor wie eine schlechte Kopie meines Großvaters. Er war das Original, ich trug seinen umgearbeiteten Sonntagsanzug zur Konfirmation. Bald stellte sich heraus, dass auch mein Körper unpassend war. Der ließ sich nicht ganz so leicht umarbeiten. Doch mittlerweile bin ich mit dem Ergebnis ganz zufrieden. Meine wenigen Freunde heute nennen mich Janis. Sie sind alt genug, um sich an Janis Joplin zu erinnern. Früher setzte ich mir gern eine zerwuschelte, aschblonde Perücke auf, während *Summertime* oder *Piece of My Heart* durch die WG schallte. Zugegeben, Marilyn Monroe oder Hildegard Knef stehen bei meinen Artgenossinnen, wie ich sie liebevoll nenne, höher im Kurs, aber das ist mir egal. Meine Bühne ist mein eigenes Leben – und ich bin kein Fan von „Diseusengeschwätz".

Fremde, die meinen Namen missverstehen, fragen ab und zu, ob ich griechisch bin. Früher – als das noch nötig war – habe ich es an manchen Tagen mit der Rasur nicht allzu genau genommen. Mir gefällt die Vorstellung, dass Opa Horst einen griechischen Vater hatte. Nicht nur die Gegenwart, sondern auch die Vergangenheit ist voller Legenden. Wenn ich mich im Spiegel betrachte, was unvermeidlich zur Schadensbegrenzung ist, erinnert mich der Anblick meiner ergrauenden Locken an den Pudelmix, den mir Opa Horst einst schenkte. Opa nahm mich als Kind zu Demonstrationen mit. Ganz geborgen saß ich auf seinen breiten Schultern und schaute über die Massen von zornigen Männern, die gegen das Zechensterben und gegen Lohnabbau auf die Straße gingen.

So, eine Gute-Nacht-Zigarette gönne ich mir noch! Nervös denke ich an den Betonwürfel des JobCenters, dessen schießschartige Fensterchen mir morgen entgegenglotzen werden. Seit ich es Joop-Center nenne, komme ich besser mit der Situation zurecht. Wie hat letztens eine Artgenossin von mir zitiert: „Selbstironie ist eine unserer schärfsten Waffen!" Dieses Gebäude Haus zu nennen, kommt einem Euphemismus gleich. Sicher, ich könnte etwas sparsamer mit dem Begriff umgehen. Doch wie häufig werden beschönigende Wortschöpfungen benutzt? Wenn das Joop-Center ein Haus ist, dann schwimmt die Verkehrsinsel davor in der Südsee!

Ich drücke die Zigarette aus und schnuppere an der luftpostblauen Bettwäsche. Was ist das nur für ein Geruch? Vage bekannt, doch mein Gehirn scheint sich zu weigern, die entscheidende Verbindung herzustellen. Mein Gehirn will mich offenbar beschützen. Rührend! Ein paar Arme wären mir lieber! „Ich hab ganz schön Schiss vor morgen", sage ich. Der Setter betrachtet mich mitfühlend. „Aber ich will die Erste sein, Baby!", füge ich hinzu. „Wenigstens morgen, wenigstens dort!"

Früher – in der Kreidezeit des versicherungspflichtigen Berufslebens – war dort, wo sich heute das JobCenter befindet, meine Krankenkasse. Topfpflanzen, freundliche Sachbearbeiter. Summende Telefone. Frühling! Ich verdiente gut als Reiseverkehrskauffrau. Und meine Kollegen hatten sich sogar – über mehrere Jahre hinweg – an meine Veränderung gewöhnt. Die Verwandlung in eine Frau war nicht der Kündigungsgrund. Das Reisebüro hatte Pleite gemacht; die Kunden buchten jetzt ihre Reisen online.

Ich erinnere mich noch gut, wie ich mir, die Osterglocken für Felix' Mutter unter den Arm geklemmt, bei der Krankenkasse die nötige Bescheinigung ausstellen ließ. Endlich war ich eine Frau, ganz amtlich. Später feierten wir den Geburtstag von Felix' Mutter. Ich sollte sie Mutti nennen. Für Jamie hatte ich einen großen Kauknochen dabei. Felix, Jamie und ich waren gerade erst dabei, uns kennenzulernen. Das heißt, Felix und Jamie kannten sich schon länger, fast acht Jahre. Ich war sozusagen der Neuzugang im Rudel. Jamies Zuneigung zu gewinnen war leicht, größere Schwierigkeiten bereitete mir die Rangfolge im Herzen von Felix. Es dauerte eine Weile, bis mir klar wurde, dass ich die ewige Nummer Zwei bleiben würde. Für die Nummer Eins waren meine Ohren wohl einfach nicht lockig genug.

Jamie liebte Sushi-Bites aus 100 Prozent Weißfisch. Der Hund setzte sich dann artig zurecht und nahm manierlich den begehrten Leckerbissen entgegen. Jamie hatte Stil. Eine richtige Dame war sie, mit ihrem leuchtend roten Fell und den braunen Augen, die mich nachsichtig musterten. Sie hat mir meine Eifersucht nie übelgenommen. Eifersüchtig auf einen Hund, wie blöd war das denn?

Mutti, Felix' Mutter, hatte sich mit der Schwiegertochter, die eigentlich ein Schwiegersohn war, bestens arrangiert. Nur Felix' Vater muffelte manchmal, dass er eine richtige Schwiegertochter bevorzugt hätte. „Hauptsache, sie sind glücklich, Vati!", hatte Felix' Mutter dann mit leicht angestrengter Fröhlichkeit ausgerufen und uns allen nachgegossen.

Ich taste nach dem Medaillon, das ich noch immer um den Hals trage. Heute Abend ist mir so elend zumute. Ich fürchte mich vor morgen. Wenn sie die „Beweismittel" nicht akzeptieren, kann ich mein ambulantes Nagelstudio dichtmachen. Und was dann? Ich wusste schon immer, dass Selbständigkeit nichts für mich ist. Leo hat mich da reingequatscht.

Obwohl ich weiß, dass ich es lassen sollte, öffne ich das Medaillon. „Ach, Felix", flüstere ich. Dann klappe ich das Medaillon ganz schnell wieder zu. Aufgestört durch das Geräusch schaut mich der Hund über den Rand des Riesenkörbchens an. Die Augenbrauen hochgeschoben, sodass sich auf der pelzigen Stirn eine Falte bildet. Der Hund sieht aus, als würde er eine Gleitsichtbrille tragen. Die liegen hier überall in der Wohnung herum. Die Besitzerin des Hundes heißt Marie. Sie ist eine Kollegin meines alten Freundes Leo. Sie musste überstürzt verreisen, irgendwas mit ihrer Mutter. Der Hund konnte nicht mit. Leo, der noch zweihundert Euro von mir bekommt, hat mich als Hundesitter vermittelt. Marie war froh. Beim Preis war sie peinlich großzügig. Mache ich schon so einen bedürftigen Eindruck? Hätte ich doch nicht die uralte Kordhose anziehen sollen? Manchmal, das weiß ich, übertreibe ich meine Verwandlungsversuche. Wegen des Hundes wollte ich wetterfest wirken, wie eine, die mit Gummistiefeln in Parks herumläuft, Hundehaufen in schwarze Kotbeutel einknotet und lässig in dafür vorgesehene Behältnisse wirft. Deshalb habe ich auch den Nagellack entfernt; meine Hände fühlen sich nackt an. Opa Horst hätte das alles nicht verstanden. Kacktüten, Hundesitter, Geschlechtsumwandlungen.

Der Setter rappelt sich aus dem Körbchen auf, stakst die wenigen Schritte zur Bettkante. Erwartungsvolles Wedeln. Ich streichele den knochigen Kopf. Sein Fell fühlt sich fast so weich an wie das von Jamie. Na ja, schließlich hat Jamie auch zur Familie der Setter gehört. Jamie war natürlich viel hübscher. Oder lag das daran, dass ich sie immer neben Felix sah? Und Felix war erst recht bildschön gewesen, zu schön, um wahr zu sein. Eine männliche Fata Morgana. Schließlich hat der Wind gedreht und aus war es mit der Luftspiegelung.

Der Name des Betreuungshundes fängt mit einem C an. Asche auf mein Haupt, ich habe nicht zugehört, als Marie den Hundenamen erwähnte. Hunde sind gar nicht so mein Ding. Besonders, seit Jamie tot ist. Schon vor Jamies Erkrankung habe ich mich oft bei blöden Gedanken ertappt. Der Hund schien alles zu sein, was ich nicht war: fröhlich, in Löchern buddelnd, mit schmutzigen Pfoten.

Während ich an die fremde Decke des Schlafzimmers starre, denke ich daran, wie Marie mir die Wohnung erklärte. Die Pfoten des Hundes klackten hinter uns auf dem Parkett. „Manchmal wälzt sie sich in Aas", sagte Marie schuldbewusst. Sie schaute mich über den Rand ihrer Gleitsichtbrille an. Offenbar befürchtete sie, dass ich es mir noch anders überlegen würde. „Das ist doch ein Hundehobby!", improvisierte ich. Auch Jamie hatte sich liebend gern das rotgoldene Fell besudelt. Ekelhaft war das gewesen und ich musste mich abwenden, wenn Felix sein Gesicht im Fell des Hundes vergrub und mich kurz darauf küssen wollte.

Marie hatte zerstreut gelächelt und mir hektisch beteuert, ich könne alles benutzen – nur das Himalaya-Salz, das möge ich sparsam dosieren, das sei teuer. Ob ich das bretonische Salz zum Kochen nehmen würde? Sie beteuerte, auch dieses Meersalz sei sehr schmackhaft. Ihre Besorgnis wurde durch den Hund verdoppelt, der sich zu fragen schien, ob ich es wohl ertrüge, das Himalaya-Salz nicht über meine Dosenravioli zu streuen. „Viel Auslauf braucht sie nicht", hatte Marie gemurmelt. Zärtlich kraulte sie den mufflig riechenden Hund. Sie konnte sich kaum von ihrem Liebling losreißen. Genau wie Felix!

„Dreimal am Tag muss die Süße raus, am Abend aber nur ganz kurz, da ist sie müde, und die Tüten, die liegen bereit!" Sie deutete diskret auf eine Art Altar, den sie auf der Anrichte aufgebaut hatte: Kauknochen, Pansenfrikadellen, Notfalltabletten – auch die Telefonnummer ihrer Freundin, die sofort vorbeikäme.

Ich schnuppere wieder. Plötzlich wird mir klar, wonach die luftpostblaue Leinenbettwäsche riecht: Felix hat das gleiche Waschmittel benutzt. Felix war wunderbar im Haushalt, viel besser als ich, die alte Schlampe. Und das mit dem Zusammenziehen, das hätten wir mal schön lassen sollen. Wenn ich bei klarem Verstand gewesen wäre – und nicht Opfer einer emotionalen Luftspiegelung –, dann hätte mir das von vornherein klar sein sollen.

„Schlaf jetzt!" Meine ich den Hund oder führe ich schon Selbstgespräche? Meine Stimme hat sich durch die Reduzierung des Sprechens seltsam aufgeraut. Oder schlagen die Hormone mal wieder nicht so gut an? Das Hundehüten erfüllt mich mit wortkarger Genügsamkeit. Die ersten zwei Tage in dieser Wohnung, in der ich mich auf befremdliche Weise mehr zu Hause fühle als in meinem eigenen, seit Kurzem immer leicht derangierten Apartment, sind schnell vergangen, obwohl die Tage selbst in gleichförmiger Langsamkeit dahintropften. Schnell habe ich mich dem vegetativen, selbstgenügsamen Gemüt des Hundes angepasst, dessen Bedürfnisse simpel sind und leicht zu befriedigen: Auslauf, Zuwendung, Nahrung, Schlaf – ein überschaubarer Rhythmus, vorhersehbar, angenehm.

Aber wenigstens morgen will ich die Erste sein. Wenigstens dort. Doch was – plötzlich durchzuckt mich ein Gedanke, den ich bisher völlig vermieden habe –, was soll ich in der Zwischenzeit mit dem Hund machen? Hunde sind im JobCenter verboten. Marie hat mir eingeschärft, dass der Setter nicht länger als eine Stunde allein bleiben darf. „Das hält sie psychisch nicht aus, wissen Sie", hat sie mit ihrer ernsten, leisen Stimme gesagt. „Ich nehme sie ja auch immer mit zur Arbeit."

Der Tag beginnt mit einer Wolke von Pansenfrikadellen-Atem sehr nah an meinem Kopfkissen. Zu nah. Ich drehe mich weg, doch die Hundezunge schlappt schon klebrig und feuchtwarm über mein Handgelenk.

„Noch nicht!" Ich ziehe den Arm unter die Decke. Die Augen zusammenkneifend versuche ich auszublenden, was heute für ein Tag ist. Ich muss den Antrag abgeben. Ohne Termin. Genau genommen hatte das Amt den Termin gestrichen, ohne einen neuen anzubieten.

Seit sich das Amt in Agentur und Center gespalten hat, sind die Dinge nicht besser geworden. Als Euphemismus-Beauftragte erzürnt mich besonders die „Center"-Variante des Amtes. Center – das erinnert an Einkaufen, an Garten, sogar an Park. Center – das soll Konzentration ausdrücken, eine Zusammenballung von etwas, doch von einer Zusammenballung von Jobs kann bei dieser Art von Center wohl kaum die Rede sein. Es sei denn, sie hören auf die Bezeichnung „Ein-Euro-Job" oder, noch schlimmer, „Mehraufwandsentschädigung".

„Wuff", macht der Hund. Die innere Uhr in seinem Bauch hat – wie auch gestern und vorgestern – pünktlich geklingelt. Er baut sich vor dem Bett auf und wedelt mit seinem fransigen Schwanz. Ein nach Pansenfrikadelle riechender Luftzug entsteht dadurch. Sein „Wuff" klingt höflich wie das Pendant zu einem unterdrückten Räuspern. Dann klingelt der Wecker. Gleich werde ich in der Dunkelheit herumstolpern und hoffen, dass der Hund im Park nicht seinem Hobby nachgeht. Mühsam rappele ich mich auf. Ich habe von den Unzertrennlichen geträumt, von Felix und von Jamie.

Wir waren am Meer. Felix hatte die Arme um Jamie geschlungen und zauste die Ohren seines Lieblings. Ich wäre gern an der Stelle des Hundes gewesen, der neben Felix zum Horizont schaute. Der Sonnenuntergang sah aus wie eine Feuerqualle. Ich sollte die beiden fotografieren, doch lieber wäre ich mit auf dem Foto gewesen. Marie tauchte auf und nahm den Fotoapparat, den ich ihr in die Hand drückte. Ihr Hund drängte sich an sie. Vermutlich hatte mich der Geruch ihres Hundes geweckt.

Das Telefon klingelt. „Alles in Ordnung mit Celia?", fragt Marie aus dem Engadin.

Ich räuspere mich. „Klar! Wir gehen gleich Gassi – und dann kriegt Cilly eine schöne Tasse Trockenfutter!"

„Celia", sagt Marie. „Sie heißt Celia! Das steht auch in ihrem Impfpass. Der liegt auf der Kommode. Und wenn Sie mal was erledigen müssen, Celia wartet draußen ganz brav – wenn es nicht allzu lange dauert!"

„In Ordnung!" Ich hoffe, dass meine Stimme trotz des Patzers mit dem Hundenamen Zuversicht ausstrahlt. „Celia und ich werden einen super Tag haben!", lege ich noch eins drauf.

Im Vortäuschen von Zuversicht habe ich mittlerweile Schlüsselqualifikationen erworben. Der Abglanz eines vertrauensbildenden Optimismus hält sich in meiner Zuversicht wie das Licht längst erloschener Sterne. Und: Leuchten die Sterne weniger, obwohl sie schon längst verglüht sind?

„Na, dann viel Spaß und viele Grüße an meine Süße!"

„Mach ich!", säusele ich. „Tschüssi!"

Ich lege auf und sinke in mich zusammen. Ein schöner Tag, von wegen!

Leo hat mich bei Marie, der Gärtnerin, als Freiberuflerin mit Auftragsflaute eingeführt. „Ich habe es ihr durch die Blume gesagt", sagte Leo. Bei einer Gärtnerin gehöre es sich, durch die Blume zu sprechen. Und gab es im Englischen nicht sogar die *little white lies*? Die Nichterwähnung meines problematischen beruflichen Hintergrundes solle ich – laut Leo – einfach als lilienweiße Unwahrheit interpretieren. „Wem wäre schon damit gedient, wenn du dir Hartz IV auf den Oberarm tätowierst?", hatte Leo gesagt. Meine Oberarme sind nicht definiert genug, um sich überhaupt etwas darauf zu tätowieren, seit mir das Geld fürs Fitness-Studio fehlt.

Celia streckt die Vorderpfoten aus und schiebt ihr Hinterteil in die Höhe. Ihre ganze Körperhaltung drückt gute Laune aus und so etwas wie kaum zu bändigende Vorfreude auf den Tag.

Nach einer Morgenrunde im Schneeniesel bekommt Celia die versprochene Tasse Trockenfutter, die sie mit krachenden Kaubewegungen verdrückt. Ich begnüge mich mit meinem geliebten Schlampenfrühstück: Ich rauche die erste filterlose Selbstgedrehte und genehmige mir einen rabenschwarzen Kaffee. Ich rauche bei geöffnetem Fenster, denn mir ist eingefallen, dass Marie ausdrücklich darum gebeten hat, dass in ihrer Wohnung nicht geraucht wird. Ach, Gottchen, Menschen wie Marie haben immer so viele Wünsche. Wie soll man das nur alles behalten? Viecher, alles Viecher!

Vor dem Spiegel zupfe ich mir die schreckliche Wollmütze zurecht, die ich notgedrungen tragen muss. Draußen stürzt Schneegriesel herunter. Mit diesem theatralischen Schal erinnert mein Anblick leider an Elisabeth Flickenschildt! „Wir Frauen haben es nicht leicht, was, Schnuckelchen?", sage ich mit leichtem Kieksen in der Stimme zu dem Hund, der bereits Richtung Körbchen strebt. „Nein, Zuckerschnute, wir machen heute noch einen ganz besonders langen Spaziergang! Da lernst du mal die Welt von einer ganz anderen Seite kennen! Ja, guck mich nicht so an. Es gibt Hunde, die werden von der Tiertafel ernährt!"

Celia lässt sich bei meiner Ansprache auf die Vorderpfoten sinken. Dann dreht sie den Kopf nach rechts weg und versucht offenbar, meine bedrängende Stimme zu ignorieren. „Nein, nein, das hilft jetzt nüscht. Wir gehen gleich zum Joop-Center! Komm, anleinen!"

Beim Anblick der Leine erhebt sich der Setter. Dann entflieht sie ins Schlafzimmer, den roten Schwanz eingekniffen. Ich schlage die Hände über dem Kopf zusammen. „Putzelchen! Celia! Jetzt mach bitte kein Theater! Dafür bin ich zuständig! Deine Mutti hat mir eingeschärft, dass du nicht alleine bleiben darfst! Also! Hierher! Hier … her!"

Ich deute mit dem Zeigefinger auf einen Punkt vor meinen Füßen. So hat Felix nach der unartigen Jamie gerufen. Meistens kam sie dann angetrabt, mit hängenden Ohren.

Nicht so Celia. Ich höre das Körbchen knistern, während Celia es sich offensichtlich dort wieder gemütlich macht.

Mist! Wenn das so weitergeht, kann ich mir das Frühstück in meiner Lieblingsbäckerei abschminken.

„Celia!", rufe ich. „Celine! Mademoiselle Dion? Wie wäre es denn mit einer leckeren Pansenfrikadelle?" Auffordernd trällere ich die ersten Zeilen des *Titanic*-Schmalz-Liedes *My Heart Will Go on* – und tatsächlich: Erleichtert höre ich, wie der Hund sich zögernd aus dem Körbchen bequemt. Gott sei Dank, es scheint also doch noch zu klappen mit dem Frühstück beim Bäcker. Vielleicht ist das charmante Hefeteilchen sogar bereit, eine halbe Stunde auf Celia aufzupassen?

Warme Kugellampen leuchten aus dem Inneren der Bäckerei. „Guten Morgen", zwitschert das blondgefärbte Hefeteilchen. Er ist eine muntere, kleine Plaudertasche, die sehr gern die Angebote des Tages empfiehlt. Er kommt mir immer wie ein grundlos fröhlicher Vogel vor, der in einer besseren Welt auf einem Zweig voller duftender Backwaren sitzt.

„Gibt es hier auch Hundekuchen?"

Ich ziehe mir schnell die entstellende Mütze vom Kopf und deute mit meiner behandschuhten Hand nach draußen, wo Celia zittert und bebt. Sicher, es ist kalt und ungemütlich, aber der Setter übertreibt doch ein bisschen ihr schlimmes Leid. Der platinblonde junge Bäcker hat sich die Ärmel des Kittels hochgerollt, vermutlich weil er das in seinen Oberarm eintätowierte Croissant zur Geltung bringen will.

Für so etwas habe ich heute nur einen halben Blick. Ich muss mich gegen das Szenario wappnen, das mich 500 Meter weiter westlich erwartet. Ich schaue auf die Uhr: Viel Zeit bleibt mir nicht mehr, heute die Erste zu sein – und das Problem mit dem zitternden Putzelchen ist auch noch immer nicht gelöst.

Trotzdem probiere ich ein Lächeln. „Einen Kaffee hätte ich gern, bitte", sage ich. „Einen ganz großen Milchkaffee – zum Mitnehmen!"

„Und einen Hundekuchen?" Der Bäcker zwinkert mir zu.

Außer uns ist niemand im Laden, glücklicherweise.

„Bitte."

Das Hefeteilchen greift in ein großes Glas neben der Kaffeemaschine und holt tatsächlich einen Hundekuchen heraus.

„Aber nur, wenn ich ihn füttern darf!"

Ich nicke hoheitsvoll.

„Es ist eine Sie", sage ich. „Sie heißt Celia!"

„Und das hier", sagt das Hefeteilchen stolz, „ist ein selbstgebackenes Belohnungsleckerli Dinkel-Leber!"

„Sehr schön", sage ich höflich. Das Hefeteilchen ist bezaubernd, aber diese Bemerkung erinnert mich an Felix, der sich letzte Weihnachten hingestellt hatte, um für Jamie einen Weihnachtsstern mit ihrem Namen aus Weizenvollkornmehl und Geflügelleber, fein abgestimmt mit Nelke, Kardamom und Koriander, zu backen. Ich hasste den Weihnachsbaum, den Felix mit hellblauen Christbaumkugeln „Mops mit Krone" geschmückt hatte. Und Jamie ging es gar nicht gut. Sie hatte eine Lungenentzündung und ihre vorher immer glänzende und feuchte Nase war durch das Sekret so verklebt gewesen, dass Felix und ich uns dabei abwechselten, ihr die Nase mit einem weichen, fusselfreien und mit Babyöl getränkten Lappen vorsichtig abzutupfen.

Celia hört nicht auf zu zittern, als das Hefeteilchen sich mit dem Hundekuchen nähert.

„Dir ist ja ganz schön kalt, was?"

Celia schlottert heftiger. Ich fühle eine gewisse Peinlichkeit in mir aufsteigen.

„Die übertreibt gern!", sage ich kühl. Ich weiß aus eigener Erfahrung, wie groß die Versuchung sein kann, die Dinge zu dramatisieren, aber Celia übertreibt zu sehr.

Jamie hat nur so gezittert, wenn es ihr wirklich schlecht ging. Ein tapferer, toller Hund war sie gewesen, bis zuletzt. Mein Herz bricht auf der Stelle in Stücke, wenn ich mir gestatte, an Jamies allerletzte Nacht hier auf Erden zu denken. Noch nie war ich Felix so nah. Wir waren wirklich eine Familie. Beide hatten mich gebraucht. Und ich war dagewesen, hatte nicht die Flucht ergriffen. Sogar den Tierarzt hatte ich am Morgen angerufen, als klar war, dass Jamie die erlösende Injektion brauchte. Felix war nicht in der Lage zu telefonieren. Hilflos wie ein Kind hatte er neben seinem sterbenden Hund gesessen.

Jamie war, wie Felix früher oft im Scherz gesagt hatte, seine längste Beziehung. Als kleiner Welpe war sie zu ihm gekommen und neun Jahre alt geworden.

Ich reiße mich von der Vergangenheit los und schaue dem Bäcker dabei zu, wie er Celia beim Verschlingen seines Leber-Dinkel-Hundekuchens betrachtet. Madame lässt sich den Appetit durch ihr bühnenreifes Beben nicht verderben.

Offenbar sind sich die beiden sympathisch. Zeit, auf den Kern meines Anliegens zuzusteuern. „Könnte sie wohl für ein Stündchen bei euch in der Backstube bleiben?"

Das Hefeteilchen schaut überrascht.

„In der Backstube? Tut mir leid, das geht gar nicht – da sind Hunde verboten, im Laden auch. Warum soll sie denn hierbleiben?"

Ich zögere. Nun gut, dann muss ich jetzt wohl Farbe bekennen. „Also, ich hab da so einen Termin. Hier in der Nähe."

Der Bäcker lächelte freundlich. „Ach so?"

Ahnt er, wohin ich den extragroßen Milchkaffee tragen werde? Ihm kann nicht entgangen sein, dass sich jeden Morgen, weit vor acht Uhr, eine Menschenmenge vor dem JobCenter staut. Wird er mich verachten, wenn er erfährt, dass ich auch dorthin muss? Felix hatte es nicht gern, wenn ich Bekannten gegenüber erwähnte, dass ich zurzeit von Transferleistungen lebe. Nicht einmal der hübsche Euphemismus konnte ihn trösten.

Ich konzentriere mich wieder auf das Gespräch mit dem freundlichen Bäcker. „Ich kann sie leider nicht mitnehmen zu diesem Termin. Aber wenn ich sie allein zu Hause lasse, werde ich später mit stundenlangem Zittern gestraft."

Ich ziehe die linke Augenbraue hoch. Das kommt meistens ganz gut an. „Sie ist nicht gern allein", setze ich seelenvoll hinzu.

„Nun" sagt das Hefeteilchen. „Wer ist das schon?"

Eine Pause entsteht. Plötzlich ertönt von Bodennähe ein herzerweichendes Jaulen.

„Der Hund sollte zum Film gehen, was? Vielleicht, wenn *Titanic* in der Hunde-Version verfilmt wird?"

Das Hefeteilchen lacht.

„Ja, man kann sie sich gut im Bug des Schiffes vorstellen, die lange Schnauze in den Wind gereckt und mit flatternden Ohren!"

„Ihr Lieblingslied ist *My Heart Will Go on*", helfe ich dieser Vorstellung noch ein wenig nach.

Der Bäcker wirkt plötzlich unruhig. „Dahinten kommt Kundschaft. Wie du siehst, bin ich heute ganz allein, meine Kollegin hat Grippe. Aber was die Diva betrifft, unsere Bürokraft ist ganz verrückt nach Hunden. Ich ruf mal eben nebenan an, ja?"

Er geht zum Telefon und führt ein kurzes Gespräch. Danach hält er den Daumen hoch.

„Danke!" Ich drücke ihm die Flexleine in die Hand. „Ich bin so schnell wie möglich zurück, versprochen!"

Jetzt bloß nicht zurückschauen! Und hoffentlich benimmt sich der Hund im Bäckerei-Büro! Hätte ich nicht noch meine Handy-Nummer angeben sollen? Aber im Amt sind nicht nur Hunde verboten, sondern auch Handy-Gespräche. Vor Kurzem noch war ich Zeugin einer denkwürdigen Szene: Eine der blaugekleideten Security-Frauen war die Warteschlange abgeschritten und hatte in Kindergarten-Betonung gesagt: „Ein Wassereimer für ein Handy!" Damit wollte sie zum Ausdruck bringen, dass die Kunden nicht telefonieren sollten. Die Augen des Mannes vor mir waren vor Hass starr geworden. Ich hatte Angst vor ihm und Angst vor einer allgemeinen Schlägerei.

Nein, es geht auch ohne Handy. Diese ganze Telefoniererei führt meiner Ansicht nach sowieso zu einer Infantilisierung der

Gesellschaft. Als ob es etwas brächte, wenn alle immerfort wussten, wo sich jeder gerade aufhielt.

Es gibt einen einzigen Menschen, von dem ich mir brennend wünsche zu wissen, wo er gerade ist. Ich stelle mir oft vor, wie er an Jamies Grab die Kerzen erneuert. Wir haben sie noch gemeinsam in einer Laterne aufgestellt. Ewige Lichter für einen Hund hätte mein Opa Horst sicher auch nicht begriffen.

Seit der Hundebeerdigung im Dezember war ich nur noch allein dort. Irgendwie kam ich mir vor wie eine doppelte Witwe. Ja, auch das klingt übertrieben, ich weiß! Vielleicht gehe ich auch nur hin, um die Spuren zu sehen, die Felix hinterlassen hat. Er achtet darauf, dass die Hundekuchen um die Kerzen herum immer frisch sind. Und wenn ich dort bin, öffne ich die Glastüre der Laterne, damit es für die wilden Katzen einfacher ist, sich die Beute zu holen. Vielleicht möchte ich mal als wilde Katze inkarnieren und auch auf einem netten Tierfriedhof leben.

Vorerst habe ich nicht aufgehört zu hoffen, dass mir Felix in diesem Leben auf dem Hundefriedhof begegnet. Wo sonst? Auf meine Anrufe reagiert er nicht mehr. Dabei wollten wir bald zum Botanischen Garten und uns Pflanzen anschauen, die auf Jamies Grab passen würden. Felix plante Hochstammrosen namens Amber Queen. Er war ganz aufgebracht, als er erfuhr, dass Menschen und Hunde nicht auf einem gemeinsamen Friedhof bestattet werden dürfen. Vielleicht sollte ich aufhören mit dem Gedanken, dass ich es mal in ein virtuelles Familiengrab schaffe.

Die Specksteinstatue habe ich beigesteuert. Es war ein dicker Hund mit Flügeln. Eine der wilden Katzen ließ sich gern auf dem runden Kopf des Hundes nieder. Als ich das letzte Mal auf dem Tierfriedhof war, war die Statue weg. Felix mochte sie nie. Er fand meinen Geschmack kitschig.

Ich lege einen Schritt zu, die hohen Absätze meiner besten Winterstiefel knallen auf dem Gehweg. Ich werde mir gleich einen Platz an der Tür sichern und meine *Men's Health* lesen. Sonst mache ich es mir im Wartezimmer meines Hausarztes gemütlich, um mein Leib-und-Magen-Blatt zu studieren. Der Anblick sich abmühender, schweißglänzender Männerkörper versetzt mich in eine erotische Trance, die mir hilft, die raue Wirklichkeit des JobCenters besser zu verkraften. Man muss ja mit allen Tricks arbeiten.

Gestern habe ich mir den Schauplatz des Geschehens auf Google Earth angesehen. Ich gab die Anschrift des JobCenters in die Adresszeile ein und wie immer raste die Kamera tief und tiefer auf den Globus zu. Seltsamerweise befanden sich auf der Straßenkreuzung vor dem Gebäude keine Menschen. Ich vermute, dass man möglicherweise aus der Luft operierenden Terroristen nicht die Gelegenheit geben wollte, die täglich von Montag bis Freitag bis zu 400 Jobsuchenden mit feinmotoriger Technologie anzugreifen. Das bringt mich auf eine Idee: Wer das Problem der zu vielen „Transferleistungsempfänger" nachhaltig angehen möchte, könnte die Liquidierung als Terrorangriff tarnen. Das nenne ich eine saubere und elegante Lösung. Potenzielle Attentäter sollten nur wissen, dass ein Angriff am Mittwoch sinnlos ist, denn da finden nur sogenannte „terminierte Beratungen" statt.

Heute werden zweifellos einige Hundert Menschen an diesem Punkt der Erde zu sehen sein. Ich beschleunige den Schritt. Bisher halten sich tatsächlich nur vier Personen im Umkreis der Türen auf! Auf typische Weise bemühen sie sich um Unauffälligkeit. Ich werde die Fünfte sein, so nah war ich dem „Traum", wenigstens einmal dort die Erste zu sein, noch nie!

Irgendwie schade, dass ich Celia nicht mitbringen konnte. Ihr dramatisches Zittern und Beben könnte sogar den Wachmann beeindrucken, der später – im Inneren des Gebäudes – die Schlange der Wartenden abschreiten wird. Sein Misanthropen-Diplom wendet er praktisch an, indem er sogenannte „Kunden", die um Auskunft bitten, mit äußerster Unhöflichkeit abkanzelt. Inkonsequenterweise ist von dem Wachpersonal hier draußen nichts zu sehen. Schade, der Misanthrop könnte sich so nütz-

lich machen. Nummern zu verteilen würde späteres Gebalge um
die besten Plätze effizient vermeiden. Die beiden Männer, die in
diesem Fall die Nummer Eins und Nummer Zwei wären, drehen
mir den Rücken zu. Eine Begrüßung – vielmehr die Frage, ob ich
grüße oder nicht – bleibt mir dadurch erspart. Der Moment, in
dem ich mich von einer normalen Passantin zu einem der hier
Wartenden verwandele, kommt mir vor wie der Eintritt in eine
andere Umlaufbahn.

Vorher war ich eine Passantin, nun, abbremsend und unwillig
und unleugbar im Umkreis des JobCenter-Eingangs zum Stehen
kommend, werde ich zur Antragstellerin. Grüßen mag ich nicht.
Das wäre so, als würde man die kumpelhaften Rituale des Ar-
beitslebens nachahmen. Hier sagt keiner: Bis morgen! Und doch
stehen wir unleugbar zusammen auf dem breiten Bürgersteig.
Und die nächsten 35 – ich schaue auf die Uhr, nein, ich seufze,
40 Minuten – werden wir gemeinsam verbringen. Wir werden
die Erfahrung teilen, dass die energische Ungeduld einer Menschenmenge dazu tendiert, einander immer weiter zusammen-
zudrücken. Ein Gruß am Anfang kommt so einer Prophylaxe
gleich, um nicht ganz zerquetscht zu werden.

Sicher, auch in der S-Bahn oder einem überfüllten Aufzug versucht man Privatsphäre zu wahren, indem man vorgibt, die anderen Menschen nicht wahrzunehmen. Noch letztens habe ich
in einer Zeitungsglosse gelesen, dass ein Mann die vollgepackte
S-Bahn nach Wannsee betrat und zufrieden die Worte „So, jetzt
bin ich endlich allein" in sein Handy sprach.

Die einzige Frau vor mir – scharfgeschnittenes Gesicht, auf-
gestellte Kapuze – ignoriert mich. Da hier niemand sein will,
kann man sich getrost wie Luft behandeln. Die Frau scheint mit
dem Mann in Verbindung zu stehen, der sich links von der Ein-
gangstür postiert hat. Auf seinem Kopf sitzt eine Pudelmütze. Ihr
trübes Dunkelblau verstärkt die Melancholie in mir. Felix hatte
im letzten glücklichen Winter eine ähnliche Mütze, allerdings

in knallrot. Mit Jamie im Schnee herumzutoben, war sein größter Spaß. Beide hatten Schnee geliebt. Die Erinnerung daran tut weh. Felix und ich küssten uns, während Jamie eifersüchtig an uns hochsprang. Unsere Hände hatten vor Kälte gebrannt. Für einen kostbaren zeitlosen Moment hatte er mich gemeint. Felix hatte Jamie sogar einen Stock geworfen, um sie von uns abzulenken. Laut kläffend und mit glücklich blitzenden Augen war Jamie hinter dem Stock hergejagt. Ein anderer Hund, dichtbefranst und von aggressiver Fröhlichkeit, war dazugekommen und Felix und ich hatten uns im Arm gehalten.

Die blaue Pudelmütze hat den besten Platz ergattert. Das wird deutlich, als die ersten Angestellten eintrudeln. Pudelmütze steht nah an der Tür und er – er! – wird der Erste sein, wenn sich die Tür in 38 Minuten öffnet. Gleichzeitig steht er aber auch so günstig, dass er keinem der Angestellten ausweichen muss. Am liebsten würde ich meine rote Faltmappe öffnen und noch einmal in den Unterlagen blättern. Das Amt hat mich aufgefordert, eine Einnahme-Überschuss-Rechnung einzureichen. Buchhalterische Fähigkeiten – bei mir leider Fehlanzeige! Kurz vor Weihnachten war es mir mühsam gelungen, Quittungen und Überweisungen in eine einigermaßen nachvollziehbare Form zu bringen. Mein ambulantes Nagelstudio hat bisher noch nicht die großen Einnahmen erzielt. Außerdem ist mein Nagelfräser kaputt gegangen und muss ersetzt werden. Felix hatte mir damals zwar geholfen, machte aber keinen Hehl daraus, wie genervt er war.

Das Amt war mit meiner nachgebesserten Bilanz nicht zufrieden gewesen. Sie hatten mir weitere Formulare zugeschickt. Die Mühsal des Ausfüllens wehte mich auf eine unbarmherzig hohe Klippe, auf deren Rand in einem Comic das Wort Verzweiflung gestanden hätte. Felix kann ich nun nicht mehr um Hilfe bitten.

Leider spricht das Amt mit den „Kunden" nicht in einer umgangssprachlichen Lautstärke. Die Briefe des Amtes wirken so, als wären sie in Versalien geschrieben, obwohl das nicht der Fall ist. Jedes einzelne Wort scheint in Großbuchstaben vom Weiß des Papiers zu mir heraufzuschreien. Der Bescheid des Amtes fordert mich auf, „Beweismittel" vorzulegen. Inzwischen kann ich den Passus auswendig:

Sie beziehen laufend Leistungen zur Sicherung Ihres Lebensunterhaltes. Während des Bezuges dieser Leistungen sind Sie verpflichtet, nach §60 Abs. 1, Nr 3 SGB im Leistungsverfahren mitzuwirken: Dabei haben Sie Beweismittel zu bezeichnen und Beweisurkunden vorzulegen oder Ihrer Vorlage zuzustimmen.

„Sie beziehen laufend Leistungen." Das war sicher ein juristischer Terminus, doch für mich klang es wie das Äquivalent zum erhobenen Zeigefinger eines erzürnten alten Onkels. Obwohl, erzürnter Onkel, das klang so harmlos. Die fünf Absätze des Bescheides erzeugen in mir vielmehr das Gefühl, ein gesuchter Verbrecher zu sein. („Beweismittel"!)

Wenig verheißungsvoll lautet auch der vorletzte Satz: *Sollten Sie bis zum o.g. Termin nicht antworten beziehungsweise die angeforderten Unterlagen nicht einreichen, werde ich die Geldleistungen bis zur Nachholung der Mitwirkung ganz entziehen.*

Noch 15 Minuten. Vor mir baut sich ein baumlanger Mann auf. Ich finde es unter meiner Würde, ihn darauf aufmerksam zu machen, dass er sich gerade vordrängt. Trotzdem kocht heißer Zorn in mir hoch. Auf dem Rücken des Riesen wölbt sich ein karierter Rucksack, als wolle der Mann – womöglich in Begleitung von Heinz Erhardt – zu einer Bergtour aufbrechen. Von diesem Rucksack baumelt eine Didl-Maus, deren Rosa zu einem fahlen Pink verblasst ist. Die Maus riecht vage nach zu lange getragenen Socken und Patschuli.

„Darf ich mal?" Eine JobCenter-Angestellte zwängt sich vorbei. Der Riese taumelt zurück. Die müffelnde Didl-Maus prallt gegen meine Nase.

„Nichts für ungut", sagt der Rucksackmann und reiht sich hinter mir wieder ein. „Will mich ja schließlich nicht vordrängen." Ich nicke und unterdrücke den Impuls, dem Rucksack auseinanderzusetzen, dass er sich gerade vorgedrängt hat. Es gibt Wichtigeres. Außerdem wird mir klar, dass es a) zu spät ist, jetzt noch in die Unterlagen zu schauen, und b) dass der plötzlich heftig fallende Schnee die kostbaren „Beweismittel" bis zur Unkenntlichkeit durchnässen würde. Ich fühle, wie sich die Angst in meinem Magen zusammenballt, die mich immer überkommt, wenn mir ein Gespräch mit dem Sachbearbeiter bevorsteht. Wer wird mir heute gegenübersitzen? Manche der Mitarbeiter sind ganz nett, aber ich bin auch schon mit den Worten abgekanzelt worden: „Ich brauche Zahlen, keine Psalmen!" Hinter mir stauen sich circa 180 Wartende, alle mit Schals und Mützen gegen die Kälte vermummt.

„Jeden Morgen das gleiche Theater, kommt, Kinder!"

Eine Frau in einem teuer aussehenden Kamelhaarmantel nimmt demonstrativ ihre Schulkinder an die Hand und versucht sich mit ihnen zu ihrem parkenden Auto durchzudrängen. Ich drehe mich zu ihr herum. Möglicherweise sehe ich bedrohlich für die Frau aus, mit meiner tief in die Stirn gezogenen Ohrenklappenmütze. Felix hatte sie noch für mich ausgesucht. Er hatte behauptet, ich sähe damit aus wie Anna Karenina. Gegen meinen Willen muss ich bei der Erinnerung lächeln. Es war immer rührend gewesen, wenn Felix versuchte, mir zu schmeicheln. Am Anfang hatte er es oft versucht. Dabei wäre das gar nicht nötig gewesen.

Ich sehe der Frau lächelnd in die Augen. Vielleicht würde das ja die Atmosphäre entkrampfen. Außerdem tut Lächeln gut, habe ich mal gelesen. Da werden irgendwelche Endorphine oder wie die Viecher heißen ausgeschüttet.

„Sind Sie zu spät dran?", sage ich. „Wir hier sind eindeutig zu früh."

Meine Stimme hat – für mich – genau die Tonlage kultivierter Freundlichkeit, den die Frau wohl kaum erwartet.

Doch ihr Blick wäre imstande, den allerletzten Rest meiner Selbstachtung zu zersieben. Pure Verachtung. Wenn diese Frau ein Pulver hätte, um „Transferleistungsempfänger" zu demateri-alisieren, sie hätte es unverzüglich eingesetzt.

„Kommt, Kinder!", presst sie heraus und wendet sich Richtung Ampel.

Noch acht Minuten. Nun gilt es, die gewonnene Position zu verteidigen und sich nicht von Später-Hinzugekommenen, die – wie ich aus Erfahrung weiß – gern über die Flanken angreifen, verdrängen zu lassen. Ich straffe mich. Selbstekel empfinde ich allerdings auch. Ich habe schon erlebt, dass Wartende sich anpö-beln, als ob die Kameras eines Privatsenders auf sie gerichtet wä-ren. Heute scheint es ruhig zu bleiben. Doch man weiß nie, wie sich die Dinge entwickeln. Die Beine in den Boden gestemmt, versuche ich den Rücken so breit wie möglich zu machen. Schon lange fehlt mir das Geld fürs Fitness-Studio. Meine „Quality-Zeit", das waren früher die Stunden an den Geräten. Das Aufle-gen neuer Gewichte, jede Woche ein wenig mehr, das Geräusch, das satte, befriedigende Klicken – Metall auf Metall –, das hatte mir wohlgetan, das war ein gutes Geräusch gewesen, viel besser jedenfalls als das seltsam pietätlose Aufknallen der gelblich-leh-migen Erde auf Jamies Sarg.

Die Erde hatte die Farbe von Senf gehabt – genau wie die Fas-saden der bereits leicht baufälligen Hochhäuser, die über den Lattenzaun des Tier-Friedhofs starrten, schiefhalsig, mit empa-thieloser Neugier. Vor 30 Jahren war das hier ein Neubaugebiet gewesen, damals waren Felix' Eltern hergezogen. Jetzt stand Mutti neben Felix und mir und warf senfgelbe Erde auf den Sarg des Hundes. Sein Vater hatte sich geweigert, mitzukommen. Sei-ner Ansicht nach hätte man Jamie einfach vom Tierarzt entsor-gen lassen sollen.

Ich wollte mich an den Beerdigungskosten beteiligen, wenigs-tens in Form einer Ratenzahlung, aber Felix blockte ab. Dann mochten wir irgendwie nicht mehr über Geld sprechen – weder in den seltsam stummen Wintertagen vor der Beerdigung noch später.

Bald darauf ist Felix dann ausgezogen. Die Wohnung ist zu groß für mich allein, das hat das Amt auch schon moniert. Und ich fürchte mich davor, in die Wohnung zurückkehren zu müssen. Eigentlich ist es ganz gut, dass ich noch ein paar Tage mit diesem Setter namens Celia verbringen darf.

Die Tür öffnet sich, die Masse schiebt sich nach vorn. Ich schaue auf die Uhr, Punkt acht. Wenn ich Glück habe, bin ich bald wieder draußen. Dann kann ich Celia beim Bäcker abholen. Vielleicht geht das Hefeteilchen ja mal mit mir aus.

Ciccio

Christoph Klimke

Der abendliche Verkehr quält sich durch die Straßen Palermos. Die strengen Carabinieri und Vigili urbani versuchen ihr Bestes, aber zwischen dem Gehupe der Automassen, den laut knatternden Vespas, die sich geschickt vorbeischlängeln, und den stinkenden überfüllten Bussen und mutigen Fußgängern vermögen sie wenig auszurichten. Die meisten sind auf dem Weg nach Hause oder zur nächsten Bar, um den Aperitif zu trinken. Wir sitzen auf der Piazza Marina und trinken wie jeden Abend um diese Zeit unseren Campari Soda. Die Hitze legt sich langsam, der Asphalt und die Fassaden der alten Paläste sowie der Müll am Straßenrand und in den wenigen Grünanlagen geben ihr Übriges. Da nutzt kaum die salzige Luft vom nahen Meer, das sich ab und zu durch ein- oder auslaufende Schiffe, die grüßend die enorme Hupe betätigen, bemerkbar macht.

Die Piazza Marina zwischen dem alten Markt, den Ruinen und dem Hafen Palermos ist für mich einer der schönsten Plätze, die ich je gesehen habe. Hier treffen sich geheimnisvoll die Welten zwischen Okzident und Orient. Gerüche, Laute, Klänge und Bilder mischen sich genau in dieser Stunde zwischen Tag und heranbrechender Nacht zu einem unvergleichlichen Spiel, als wäre es nur für dich gemacht. Und du bist ein Teil des Ganzen.

Jedoch unangefochtener Held der Piazza Marina ist keiner von uns, kein Passant, keiner der Händler ringsum, nicht die eleganten Geschäftsfrauen, eiligen Männer, präpotenten Mädchen und Jungen, keiner der verlorenen Asylanten aus Afrika und schon gar nicht die uniformierte Stadt- und Staatsmacht.

Zwischen den Bars und Läden, rund um das grüne Rondell mit seinen Bäumen, zwischen übervölkerten Trottoirs und den kreuz und quer geparkten Autos herrscht Ciccio, wie alle ihn hier liebevoll nennen. Und tatsächlich ist dieser inzwischen würdevoll ergraute Hund dafür, dass er ein freilaufendes Tier ohne Herrchen oder Frauchen ist, wohlgenährt. „Ciccio" ist der Spitzname für den Freund oder Mann, dessen volle Leiblichkeit mit Sympathie betrachtet wird. Dabei hat der Ciccio der Piazza Marina es nicht leicht gehabt zwischen den Tiere ignorierenden oder gar hassenden Sizilianern, die früher alles, was nicht im Kochtopf oder in der Pfanne zu verwerten ist, vergiftet oder ertränkt haben.

Ciccio hätte sicher viel zu erzählen über seinen Überlebenskampf gegen die Menschen und auch Tiere. Denn längst ist er der Platzhirsch und muss nur einmal aufschauen, knurren oder bellen und alle Konkurrenten weichen aus. Oder besser gesagt, wichen aus. Denn Ciccio ist in die Jahre gekommen. Sein Gang ist schwer, er hinkt leicht, angreifbar ist er geworden und auch trauriger als früher. Wenn wir allabendlich beim Grill neben unserer Stammbar zwei Würste für ihn kaufen, lächeln die Verkäufer uns zu: „Für Ciccio, ja?" Früher hätten sie uns hierfür in die nächste Psychiatrie eingewiesen, aber inzwischen haben auch sie eine Art Achtung für den alten Kerl, der sein Leben hier verbracht hat. Narben und Flecken auf seinem schmutzig braunen Fell zeugen von Revierkämpfen oder idiotischen Menschen.

Heute legt er sich noch einmal neben uns, lässt sich streicheln und füttern, kaltes Wasser bringen wir ihm und die uns umschleichenden Katzen und Hunde beäugen ihn neidisch, aber auch ein wenig herablassend, denn sie wissen nur zu gut, Ciccio wird bald seinen Platz räumen müssen.

Im Winter zog er Jahr für Jahr ein paar Straßen weiter, um im nahen Grand Hotel Ve Palme bei einem gnädigen Koch Zuflucht zu finden. Ob er den nächsten Winter den inzwischen weiten Weg schaffen wird, müssen wir bezweifeln. Aber Ciccio hatte ein unglaubliches Leben und verstünde ich ihn besser, würde ich ihm zu gern ein paar Fragen stellen. Wer waren deine größten Freunde, wer deine Feinde? Nach seinen gewiss unzähligen Liebschaften würde ich fragen und ob er schon hier auf der Piazza Marina geboren ist.

Wir trinken einen zweiten Campari Soda. Der Verkehr lässt nach und die spätsommerliche Dämmerung setzt ein. Ein paar Jungen und Mädchen laufen Arm in Am an uns vorbei, Ciccio würdigt sie natürlich keines Blickes. Ein großer, schwarzer Rüde nähert sich unserem Tisch und unser Freund hebt nur leicht den Kopf und schon ist der andere verschwunden.

Der Pfarrer der Kirche um die Ecke will ihn streicheln und er lässt es gewähren. Kinder mag er nicht, keine lauten Menschen, und wenn er mal wieder so sein will wie früher, dann legt er sich wie jetzt mitten auf die Fahrbahn, sodass alle haarscharf an ihm vorbeifahren müssen. Er hat es überlebt. Wir zahlen. „A domani, Ciccio!" und er schaut uns an, direkt in die Augen, vielleicht sein größtes, gelassenes Kompliment, und wir gehen, stolz auf diese Freundschaft, geleitet vom Konzert der Zikaden, weiter Richtung Nacht.

Von dem Wunsch, Indianer zu werden

Christoph Klimke

Die unglaublich dicke Wirtin, die aus einem Fellini-Film stammen könnte, räumt die letzten Gläser weg und wünscht uns eine *„Buonanotte!"* Wie an jedem dieser warmen Sommertage sind wir die letzten Kunden. Ihre Mutter schläft längst auf einem der weißen Plastikstühle unter einer weit ausladenden Kiefer. Im trüben Laternenlicht tanzen die Mücken. Die Kirchturmglocke schlägt zwei Uhr und wir machen uns auf den Weg nach Hause. Es geht über die schöne Piazza hoch über dem Meer. Die Gischt glänzt silbern. In der Ferne blinken Lichter der Fischerboote und orangerot ist die Lava aus dem ansonsten tagsüber rauchenden Vulkan Stromboli zu erkennen.

Sommer für Sommer fahren wir Ende August nach Salina, der grünen Liparischen Insel vor Messina. Auf dem Hinweg geht es nach Palermo, dann mit dem Luftkissenboot rüber auf „unsere" Insel. Bei der ersten Reise hierher in dieses kleine sizilianische Paradies hatten wir eine Ferienwohnung über eine Berliner Agentur angemietet. Schön, klein und teuer war sie, hatte aber wie alle Häuser hier eine Terrasse, auf der wir Nacht für Nacht in den Himmel blickten und dieses unvergleichliche Sternenmeer bewunderten. Ab dem zweiten Tag aber waren wir nicht mehr zu zweit. Ein großer weißer Schäferhund kam am späten Abend aus dem Dunkeln, setzte sich vor uns und sah uns einfach nur an. Wir durften ihn streicheln und er genoss es sichtlich. Ich lief sogleich in die Küche und machte ihm zwei Ricotta-Brote, die ihm schmeckten, sodass ich einige nachlegen musste. Von diesem Tag oder besser gesagt dieser Nacht an kaufte ich bei Anna im Supermarkt ziemlich große Mengen Ricotta, was die Verkäuferin und bald unsere Freunde ziemlich verwunderte.

Auf der Piazza gibt es vor und nach dem Abendessen für uns Campari Soda oder so manchen Averna und für die Hunde, die hier miteinander kämpfen, spielen oder die Katzen verjagen, Streicheleinheiten, die sie sicher selten bekommen. Inzwischen wohnen wir jeden Sommer bei Anna und ihrem Mann Nando, die selber einen Hund, einen Kater, Schildkröten und einen Raben haben. Es ist nicht selbstverständlich, dass hier Tiere gemocht werden und nicht nur der Jagd oder dem Grill dienen. Der Hund Pepito, der mit seinem Katzenfreund Pepé Futternapf und Liege teilt, ist alt geworden. Aber Nando erzählt in diesem Sommer, dass irgendein Idiot im Dorf ihn vor Kurzem vergiftet hat. Pepé hat sich letzten Herbst an kleinen Echsen zu Tode gefressen und somit wollen unsere Gastgeber keine neuen Tiere mehr aufnehmen. Nando füttert die Schildkröten Tag für Tag mit frischem Salat, Obst und Gemüse und will uns immer zwei kleine Exemplare schenken. Obwohl oder weil wir diese Tiere lieben, lehnen wir Jahr für Jahr ab, nicht nur, da ihre Ausfuhr verboten ist, sondern weil sie hier ein traumhaft schönes Leben haben im Vergleich zu der Drei-Zimmerwohnung in Kreuzberg.

Wir trinken noch ein Glas Weißwein auf der Terrasse von Nandos Ferienwohnung und eine graue Katze streicht mir ums Bein. Ich hole Mortadella-Reste aus der Küche und unser neuer Mitbewohner, sogleich „Grigio" getauft, genießt seine Futtermeister. Ins Haus darf die junge Samtpfote nicht, denn das lehnen unsere Vermieter ab. Doch in den nächsten drei Wochen ist Grigio mit Schmusen und Mortadella-Ricotta-Salami-Broten zufrieden und unsere Freunde bemerken allmählich den Zuwachs. Am letzten Abend vor unserer Rückreise nach Palermo und Berlin laden wir Nando und Anna, die uns immer sonntags köstlich bekocht, in ein Restaurant am Meer ein. Wir lassen nichts aus, reden über Pepito und Pepé, zeigen die Fotos von Pazza, Happy und Joi und erfahren von Nando, dass der Rabe in den letzten Tagen zum Füttern von seinem Ausflug nicht zurückgekommen ist.

„Ein Gewitter wird es heute Nacht geben", prophezeit Anna, die bald eine eigene Trattoria aufmachen will, und sie behält Recht. Mitten in der Nacht blitzt, kracht und donnert es aus allen Himmelsrichtungen. Der Strom fällt aus und wir sehen im Kerzenlicht draußen den tropischen Regen aus dem Himmel stürzen. Es tropft durch die Decke direkt in unser Bett, das wir eilig zur Seite schieben und durch Eimer ersetzen.

Plötzlich miaut es und der durchnässte Grigio macht es sich auf einem der Sessel bequem. Natürlich können wir ihn jetzt nicht aus dem Haus jagen, holen ein Handtuch und er lässt sich genüsslich abrubbeln, um danach noch ein Betthupferl einzunehmen.

Am nächsten Morgen ist der Himmel strahlend blau. Die Luft ist gut und das Meer ganz ruhig. Grigio schnarcht vor sich hin, während Andreas mir einen Cappuccino ans Bett bringt. Unseren Freunden verraten wir von unserem blinden Passagier nichts, aber bitten sie sehr wohl, sich um unseren Kater zu kümmern. Beide versprechen ihr Bestes und tatsächlich: Im kommenden Jahr wohnt, nein, thront Grigio bei Tochter Loredana, die einen

Kapernbauern geheiratet und mit ihrer Mutter nun die Trattoria eröffnet hat. Grigio fängt alle Mäuse und zuweilen auch Kaninchen und ist der Schwarm aller Katzen der Umgebung.

Jenen weißen Schäferhund, der jede Nacht geheimnisvoll bei uns auftauchte, um dann wieder im Dunkeln zu verschwinden, haben wir nie wiedergesehen, sehr wohl aber die Kettenhunde des Bauern nebenan, die viel zu wenig Wasser und Schatten auf ihrem trockenen Stück Erde haben, oder die Huskie-Welpen im völlig verdreckten Käfig in dem Tiergeschäft im überhitzten Zentrum von Palermo.

Begegnung mit geschundenen oder verlassenen, fremden Wesen erinnern mich an Franz Kafkas unmöglichen *Wunsch, Indianer zu werden*. Die Yanomami-Indianer leben friedlich im und mit dem Regenwald, der abgeholzt wird. Und wenn dieser Wald nicht mehr existiert, wird kein neuer nachwachsen. Die Yanomami leben im venezolanisch-brasilianischen Grenzgebiet und wehren sich. Sie laden Künstler, Philosophen und Journalisten zu sich ein, ihre verschwindende Welt kennenzulernen und in ihr zu arbeiten. Am Anfang der Welt ist der Himmel umgekippt und auf seiner Rückseite ist dieser Wald gewachsen. Somit haben die Yanomami nicht nur einen Himmel über sich, sondern auch einen unter ihren Füßen. Sie laufen über grüne Wolken. Sie leben ohne Geld und Handel. Den Wald respektieren sie als die Instanz ihres Lebens. Die Erbauer der Transamazonas-Straße schleppten tödliche Epidemien ein und tief in der Erde zu graben, ist für die Indianer ein Vergehen, da der giftige und Leben vernichtende Rauch Xawara frei gesetzt wird. Doch bedeutet der grüne Himmel Brasiliens nicht nur das gute Geschäft für den Holzhandel und die Goldsucher, er birgt einen unvergleichlichen Klangteppich in sich. Seine Bewohner haben Fähigkeiten, in der Natur zu lesen, die uns unbekannt bleiben. So wissen sie, wann welche Früchte von Beutetieren gesucht und gefunden werden. Sie kennen die Falkenart, die dem Tapir die Maden aus den Augen pickt, und können am Schrei des Vogels dessen Beute orten. Und sie sehen die gefährlichen Tiere des Dschungels wie den Jaguar, bevor sie selbst von ihnen erspäht werden. Den Sinn für das Übersinnliche, den übersinnlichen Leib, verkörpern und ritualisieren die Schamanen.

Wir erinnern uns bestenfalls an den Schamanen der deutschen Nachkriegskunst: Joseph Beuys, der sich mit einem Kojoten hinter einem Schaufenster einschließen ließ. Die Rückverwandlung von Verlorenem in das, was vorher war, ist kaum zu bewerkstelligen. Hierzu fehlen nicht nur die Mittel und der Glaube, sondern verlustig gegangene Fähigkeiten, die zum Beispiel diese Indianer beherrschen und weitergeben. Das klingt exotisch und für manche kitschig romantisch, schließlich haben wir ja ganz andere Sorgen. Aber welche denn?

„Büffelhaut und Kreatur" heißt ein Text von Rosa Luxemburg. Am 24. Dezember 1917 schreibt sie aus dem Frauengefängnis der zweiten Ehefrau Karl Liebknechts einen Brief, den Karl Kraus dann in der *Fackel* publiziert. Sie schildert das Verelenden der Büffel, Kriegstrophäen aus Rumänien, die die Wagen ziehen müssen, da keine Pferde mehr da sind. Sie werden geschlagen, geschunden, sterben oder werden getötet. Ich kenne kaum einen Text mit so viel Mitgefühl für ein Geschöpf wie diesen Brief von Rosa Luxemburg. Im August 1920 antwortet Ida von Lill-Rastern von Lilienbach hierauf und schreibt an den Herausgeber der *Fackel*, an Karl Kraus. Die Großgrundbesitzerin empört sich darüber, dass die „Volksaufwieglerin, die so oft Gewalt gepredigt hat, auch ein gewaltsames Ende nimmt." Und Mutter Ida versichert, dass „eine Ohrfeige bei kräftigen Buben oft sehr wohltätig wirkt." Das „übers Fell bekommen" schadet also nicht. Kraus antwortet auf diesen Zynismus grandios polemisch.

Joi ist wie so mancher geschundene Hund über die Tierschutzorganisation „Cora" aus Spanien nach Deutschland gekommen. Dort wäre sie in einer Tötungsstation umgebracht worden. Sie lebte zunächst auf Sylt, dann in Berlin-Zehlendorf. Ihre Pflegefamilie erzählt von dem schrecklichen Zustand, in dem dieser Hund sich befand. Krank und ängstlich sowie ohne jede Kondition lebt er nach und nach in dem gewonnenen Zuhause auf. Kaum anfassen lässt sich die Hündin, die aussieht wie eine Mischung aus Hyäne und Leberwurst. Ihr Schwanz ist unfachmännisch coupiert und vielleicht von Kindern ganz einfach mit einem Messer abgeschnitten. Das ist Usus in Südspanien.

Ich war vor vielen Jahren in Malaga, der lauten, aber faszinierenden Hafenstadt. Arabische und nordafrikanische Einflüsse sind unverkennbar. Südliches Leben und die Gefahr von Straßenkriminalität und Drogenhandel vermischen sich. Joi hat hier auf einem Parkplatz offensichtlich im Gebüsch versteckt gelebt. Nachts ist sie mit den anderen Straßenhunden und Katzen auf Beutezug durch Mülleimer und Parkanlagen gezogen und hat so überlebt. Dabei hat unser Hund seine ganz eigene Vorsicht erlernt. Kommen ihm Hunde entgegen, bleibt er stehen und schaut weg. So wie der Tierarzt wilde Katzen mit dem Handtuch einfängt, beugt Joi ihren potenziellen Feinden mit Unterordnung und scheinbarer Abwesenheit vor. Als wir den neuen Hund zum ersten Mal sehen, war er bereits vollkommen sozialisiert: selbstbewusst und vorsichtig, verschmust und clever, verfressen und lustig. Da konnten wir nicht „nein" sagen.

Joi hat fünf Jahre auf uns gewartet. Erst hat sie Malaga überstanden, dann hat sie bei der Pflegefamilie die Liebe kennengelernt und ihre neuen Frauchen und Herrchen haben immer wieder potenzielle Anwärter auf diesen Hund abgewimmelt. Und dann standen wir kurz vor Weihnachten vor der Tür. Über Silvester haben wir Joi noch dort gelassen, um ihr die Kreuzberger Böller zu ersparen. Und nach zwei Monaten bei uns luden wir ihre „Ehemaligen" zu uns ein, schließlich sollten sie sehen, wie gut es Joi bei uns hat. Den ganzen Tag haben wir geputzt, eingekauft und gekocht, Joi gebürstet und von dem bevorstehenden

Abend erzählt. Dann klingelt es an der Tür, Joi läuft bellend ihrer Familie entgegen, die Pedro und Suna, mit denen Joi in Malaga gelebt hat, mitbringen. Große Freude und großes Hallo! Leckerchen über Leckerchen und neue und alte Geschichten von diesen Hunden tauschen wir aus und sind froh, dass alle sich wohlfühlen. Dann müssen Suna und Pedro nach Hause. Joi begleitet sie zur Tür, bleibt aber wie ein Gastgeber in der offenen Tür stehen, da sie weiß, dass diese Menschenhütte ihr Zuhause ist.

Im kommenden Sommer werden wir bestimmt wieder an die Ostsee fahren. Aber auch nach Salina wollen Andreas und ich. Suna ist bis dahin mit Frauchen Katja nach Schleswig-Holstein gezogen und Pedro mit Uwe nach Bayern. So wird unser Hund, während wir auf der Liparischen Insel weilen, sich entweder in Nord- oder Süddeutschland amüsieren. Nach den Ferien wird dann Andreas an das Theater Heidelberg wechseln und für mich das Pendlerleben erneut beginnen. Joi wird das gar nicht freuen, aber – und das sieht sie genauso – Hauptsache, ihre Herrchen haben gute Arbeit. In der ersten Spielzeit spielt Andreas in einem neuen Stück von mir und wir drei sind auf jeden Fall die ganze Probenzeit zusammen.

Manchmal denke ich an jenen weißen Hund, der uns in der ersten Nacht auf Salina aufsuchte. Es war, als würde er uns eine Botschaft überbringen wollen. Vielleicht wollte er uns von einem kleinen Hund aus Malaga erzählen. Vielleicht wäre er gern mit uns gekommen und hätte seine Insel für immer verlassen. Vielleicht hatte er aber auch nur Kohldampf und wollte eines meiner berühmten Ricotta-Brote. Auf jeden Fall aber war es uns eine Ehre.

Eine Pistole im Zeitfenster

Sarah Mondegrin

Zeitfenster Eins – 3. Juli 2010

Ich wurde als Glückskatze geboren: weiß-schwarz-rot gefleckt,
aber das ist lange her. Zur nächsten Fußballweltmeisterschaft
2014 werden vermutlich schwarz-rot-goldene Katzen gezüchtet,
aber dann lebe ich hoffentlich nicht mehr. Wer keine traurigen
Geschichten mag, sollte sofort das Lesen einstellen. Besser wird's
nicht.

Mein letzter Mensch, eine gütige Frau Ende 70, hat heute
erfahren, dass es bald für sie zur Seniorenklappe geht. Oder so
ähnlich. Ich habe es nicht so richtig verstanden.

Hm. Seniorenklappe, das erinnert mich an Katzenklappe –
und Katzenklappen, die sind gut. Überall dort, wo es Katzenklappen gab, hatte ich ein schönes Leben. Zu gern bin ich in
fremde Häuser eingestiegen, wo ich gar nicht hingehörte. Kurz

mal: Klapp, Klapp … und schon war ich drin. Meistens befand sich der Fressnapf mit einer anständigen Auswahl an Futter direkt in der Nähe der Katzenklappe. Sehr entgegenkommend. Damals fühlte ich mich sehr als Glückskatze, noch. Ich hatte übrigens mehr als sieben Leben – auch mehr als neun. Mindestens vierzehn.

Die Menschen wissen so wenig von uns. Und das ist auch gut so. Mist, jetzt habe ich doch wieder diesen Politiker zitiert. Seit er sich für den Ausbau der A100 starkmacht, bin ich nicht gut auf ihn zu sprechen. Was? Eine Katze hat keine Ahnung von Politik? Wenn eine Katze das Land regieren würde – oder auch ein Kater –, dann würde es mir hier besser gefallen. Im Bundestag wären lauter Katzenklappen und auf dem Fressnapf am Rednerpult stünde nicht Merkel, sondern Mieze! Oder noch besser Serafina! So heiße ich, seit ich bei der gütigen Frau lebe. Übrigens: Deutschland, einig Katerland – das ist meine Lieblingspostkarte!

Seniorenklappen – erfahre ich gerade aus dem Fernsehen – sehen so ähnlich aus wie Babyklappen, nur größer. Zurzeit läuft ein Modellprojekt ausgerechnet im katholischen Münsterland. Die Kirchen, sagt die Moderatorin, tun so, als ob sie Sturm liefen, aber die haben ja derzeit mit sich selbst zu tun. Die Stadtverwaltungen hier im Landkreis – nein, ich darf keine Namen nennen – wollen erst mal ausprobieren, wie es so angenommen wird. Bisher wurden schon 66 Senioren in die drei Klappen gelegt. Was anschließend mit ihnen passiert, habe ich noch nicht herausgefunden. Vermutlich kommen sie ins Tierheim. Da war ich auch schon mal. Geht so, würde ich sagen. Ich wurde von einer Familie rausgeholt, die zu Weihnachten ein niedliches Kätzchen verschenken wollte. Die haben mir eine rote Schleife umgebunden. Also, sie haben es versucht. Danach war ich weg, Katzenklappe gab's da keine. Ich bin aus dem zweiten Stock gesprungen – und danach kam ich zu der gütigen Frau, von der ich

mich leider wohl bald verabschieden muss. Ich habe sie so gern
– ich würde glatt mit ihr ins Tierheim gehen, mal gucken. In so
eine Seniorenklappe passt bestimmt noch eine Katze rein. Dann
könnte ich auch herausfinden, was wirklich mit den Menschen
in der Seniorenklappe passiert. Ob sich da auch die Fressnäpfe
ganz in der Nähe befinden? Und vielleicht werden ja zu Weihnachten niedliche Senioren verschenkt – auch mit einer roten
Schleife um den Hals.

Mich interessieren geheime Sachen. Wenn ich keine Katze geworden wäre, hätte ich mich für das Leben einer Geheimagentin
entschieden. Am liebsten wäre ich Motorboot gefahren. Als Katze rutscht einem aber immer die Mütze ins Gesicht. Wie blöd
ist das denn?

Mein Mensch – sie heißt … oh, ich habe ihren Namen vergessen … ihre Tochter sagt immer: Mutter! zu ihr, manchmal
auch Mutter? – aber das ist kein schöner Name für so eine net-
te alte Dame. Die so gut riecht und so sanfte Schritte hatte –
fast, als hätte sie Pfoten und nicht diese großen, unangenehmen
Menschenfüße ohne unsere eleganten Krallen, die wir einziehen
können oder ausfahren. Oh, das erinnert mich an meinen Kratzbaum beziehungsweise an die Seitenlehne des Sofas. Ich muss
mich für einen Moment entschuldigen, gleich geht's weiter. Im
Bundestag gäbe es übrigens neben dem Rednerpult einen großen
Kratzbaum!

Ach, wun-der-bar! Das hat gut-ge-tan!

Bis vor Kurzem hatte mein Mensch sanfte Pfotenschritte, aber
dann passierte dieser Unfall und seitdem humpelt sie mit dem
dritten Bein herum. Das dröhnt durch meine ganzen Körper,
wenn sie es auf dem Boden aufsetzt.

Mein Mensch hat Besuch von ihrer Tochter.

„Mutter!", sagt die Tochter mit ihrer quäkigen Stimme und
gestikuliert in Richtung der Geschirrberge, die sich auf der Spüle
stapeln. „Was ist denn hier los?"

„Die Spülmaschine ist kaputt gegangen und ich habe die Telefonnummer des Reparaturdienstes verlegt, Viola", murmelt mein Mensch. Ihre Stimme ist sehr leise. „… und als ich sie endlich gefunden hatte, konnte ich die Zahlen nicht entziffern, weil meine Brille verschwunden war."

Die Tochter lässt Wasser in den Boiler laufen und dreht den roten Knopf für das heiße Wasser.

„Mutter! Das ist ja vollkommen verkalkt! Das dauert doch ewig! Ich habe dir doch extra letztens die Essigessenz mitgebracht, damit kannst du das vermeiden!"

Die Tochter kommt alle drei Wochen mal vorbei. Und kurz danach war wohl auch das letzte Geschirr abgewaschen worden. Da ist Einiges zusammengekommen, auch wenn ich meine Näpfe – das möchte ich an dieser Stelle betonen – immer sehr ordentlich auslecke. Dafür habe ich zu lange auf der Straße gelebt; bei mir gibt es keine Reste und ich bin auch nicht zimperlich mit Futter wie manche meiner Kollegen.

Die Tochter beginnt das Geschirr einzuweichen. Eine Haarsträhne ist ihr auf der Stirn festgeklebt, die Menschen finden es schon seit Tagen drückend heiß. Mich stört das Wetter nicht, schließlich waren meine Urururgroßeltern ägyptische Götter.

„Und wie das hier riecht!" Die Tochter stößt ihr Näschen in die Luft. „Du verkommst ja regelrecht!"

Mein Mensch faltet ihren Mund zusammen, sodass er ganz klein aussieht. „Dann kann ich mich ja gleich erschießen", sagt sie.

Die Tochter atmet geräuschvoll durch die Nase ein und aus, das ist ihre Art, Unwillen zu zeigen. Ich verstecke mich hinter der Kaffeekanne. Manchmal kommt doch die Geheimagentin in mir durch, dann mache ich mich unsichtbar – und niemand weiß, wo ich bin. Oder ich tue so, als ob ich schliefe. „Oh, wie süß die Katze schläft", sagen sie dann, „und wie ihre Schwanzspitze zuckt, die träumt bestimmt vom Mäuschen!"

Mäuschen! Ich fasse es nicht! Eine Maus ist eine Maus und die Spitzmäuse schmecken eklig. Maulwürfen beißt man am besten den Kopf ab und legt sie täglich einmal auf den Treppenabsatz. Das habe ich eine Zeit lang gemacht, als mein Mensch noch jünger war und ihre Geliebte in ihrem Ferienhäuschen am Meer besuchte. Ich wurde in einen Katzenkorb verfrachtet und musste eine vierstündige Autofahrt aushalten – nur der Gedanke an die reiche Ernte an Maulwurfsköpfen, mit denen ich mich rächen würde, ließ mich das ertragen.

Die Tochter bearbeitet jetzt mit einem Scheuerschwamm den Kochtopf. Am liebsten würde ich ihr die Arme zerkratzen. Sie hat auch diesen dämlichen Hund, einen Jack-Russel-Terrier. Ich war noch nie ein Freund von Terriern, nervige Sorte. Dieses überagile Auf- und Abhopsen und ständig wollen sie beschäftigt werden. Dazu die hechelnden kleinen Zungen. Der Terrier wartet heute im Auto. Die Tochter hat unter dem großen Ahornbaum geparkt und ab und zu stopft Henry den braunweißen Kopf heraus und hechelt theatralisch. Ich behalte ihn vorsichtshalber im Auge.

Drinnen redet die Tochter auf meinen Menschen ein. Dass sie endlich Hilfe brauche, Essen auf Rädern. Dass sie sich bereit erklären sollte, einen Alarmknopf ums Handgelenk zu tragen – sie sei doch letztens so schlimm gefallen! Und wenn sie das alles nicht wolle, dann müsse sie auf kurz oder lang ins Heim.

„Und mein Garten? Der Teich?"

Mein Mensch steht mühsam auf und humpelt hinaus auf die hölzerne Terrasse. Auf der Wasseroberfläche blühen weiße Seerosen und die purpurroten Blütenkerzen des Blut-Weiderich locken Bienen an. Hellblaue Kleinlibellen sausen herum, aber ich widerstehe der Versuchung, sie fangen zu wollen, denn Paul ist eine Schnappschildkröte. Stattdessen strecke ich mich auf den warmen Holzbohlen aus und dehne mich bis in die Pfotenspitzen. Wenn nur endlich diese Tochter wieder gehen würde!

„Paulchen, Paulchen!", ruft mein Mensch. Dann wendet sie den Kopf zurück: „Viola, weißt du eigentlich noch, dass wir die Schildkröte nur für dich angeschafft haben?"

Aus der Küche dringt nur das wütende Rütteln an der verklemmten Spülmaschinentür.

„Und meine Katze? Was soll aus Serafina werden?" Die Stimme meines Menschen klingt endlich trotzig und aufbegehrend, das wurde ja auch Zeit.

Die Tochter lässt heißes Wasser nachlaufen und hält für einen Moment den Mund. Sie stöckelt auf ihren hohen Absätzen zur Verandatür.

„Also, die Katze", sagt sie dann „ich kann sie nicht nehmen, du weißt ja, dass Henry und sie nicht miteinander klarkommen. Und die Schildkröte, ich meine, Paulchen – der kann doch einfach im Teich bleiben. Wenn du das Haus verkaufst, musst du es den Leuten natürlich sagen. Vielleicht haben die ja Kinder – und Kinder finden Schildkröten toll!"

Mein Mensch schüttelt müde den Kopf. Sie sitzt vornübergebeugt in einem Korbstuhl, die Krücke neben sich. Auf ihrem verblichenen rosafarbenen Sweat-Shirt steht *Lesbian Mom*. Sie hat es mal in San Francisco geschenkt bekommen, von ihrer damaligen Geliebten – vor sehr langer Zeit. Manchmal schaut sich mein Mensch Videofilme an, die sie damals zusammen drehten. Sie sitzt mit ihrer Freundin auf der Terrasse eines Holzhauses und sie streicheln Katzenbabys, die umeinander purzeln.

„Die Schildkröte ist nichts für kleine Kinder, das weißt du ganz genau! Sie ist eine Schnappschildkröte! In letzter Zeit fällt es mir furchtbar schwer, ihr die Rinderstreifchen hinzuhalten. Selbst ich habe Angst, dass sie mich mal beißt!"

Die Tochter winkt ab. „Dann kommt sie eben in einen Zoo. Da findet sich schon was!" Sie dreht sich um und stöckelt durchs Wohnzimmer tiefer ins Innere des Hauses. Geht sie jetzt?

Diese Viola, die muss irgendwie ein Unfall gewesen sein. Manche Menschen sollten gar nicht geboren werden. Als Katze darf ich das sagen. Ich hatte mehrmals Junge, die sind von Menschen gleich nach der Geburt totgespritzt worden, das war auch nicht schön.

„Mutter!", ruft die Tochter aus dem Badezimmer. „Deine Toilette! Wann hast du die denn zuletzt geputzt?"

Ich springe zu meinem Menschen auf den Schoß. Das ist ja nicht zum Aushalten hier. Ich fange an zu schnurren, um meinen Menschen von den wütenden Putzgeräuschen abzulenken, die jetzt aus dem Badezimmer dringen.

„Warum hast du denn nicht diese Frau angerufen? Ich habe dir doch ihre Nummer gegeben! Sie nimmt nur zehn Euro pro Stunde fürs Putzen! Das wirst du doch wohl noch erübrigen können?"

Mein Mensch streichelt mechanisch meine Ohren, da, wo ich es am liebsten habe. Normalerweise macht sie das netter, aber ich schnurre trotzdem entgegenkommend. Dass Tränen in mein Fell tropfen, mag ich gar nicht. Aber die Lage ist so schlimm, da lasse ich mich mal einfach vollweinen.

„Mutter! Jetzt heul doch nicht!" Die Tochter stöckelt auf ihren komischen Schuhen zu uns her und geht vor unserem Lieblingssessel in die Hocke. Zugegeben, ich habe ihn mal wieder ziemlich vollgehaart. Ich bin gerade im Fellwechsel und Staubsaugen vertragen meine empfindlichen Ohren gar nicht gut.

„Hallo, Minka", sagt die Tochter und richtet ihre viel zu großen Augen mit dem steifen Wimpernkranz auf mich. Ich heiße Serafina, doch sie nennt mich immer mit ihren eigenen Namen. Eigentlich mag sie mich, leider beruht das nicht auf Gegenseitigkeit. Pech gehabt, fünfzigjährige, viel zu stark geschminkte Tochter! Wer mag schon Sauberkeitstussen, die ihre alten Mütter maßregeln? Mein Mensch kann einfach nicht mehr so gut sehen. Vorgestern hat sie sogar die falschen Brekkies für mich gekauft, weil sie die Aufschrift verwechselt hat.

Die Tochter versucht ungelenk, den Arm um meinen Menschen zu legen. Ich mache einen Buckel und lege die Ohren an. Am liebsten würde ich sie beißen, aber vom Geschmack ihrer Bodylotion wird mir schlecht.

Sie weicht etwas zurück und setzt sich auch in einen Korbstuhl. „Mama", ihre Stimme ist jetzt weniger quäkig und weicher. „Willst du dir das nicht überlegen mit der Seniorenresidenz?"

„Dafür reicht meine Rente nicht, Viola. Das haben wir doch schon so oft besprochen … und außerdem ist da das Problem mit den Tieren, besonders mit Serafina!"

„Nun …" Eine Stille entsteht, die vor Bedrohlichkeit zu surren scheint. „Die Mieze ist doch schon ziemlich alt und …"

Mein Mensch presst mich an sich und rappelt sich auf die Beine. Die Krücke fliegt polternd zu Boden.

„Das reicht jetzt, Viola! Du verlässt sofort mein Haus! Hast du mich verstanden?"

Zeitfenster Zwei – 25. Mai 1970

„Viola?"

„Ja, Mama?"

Das Kind mit den Rattenschwänzchen rechts und links am Kopf legte den Füller hin und schaute zu ihrer Mutter, die eben dabei war, die Tomaten abzuwaschen. Das späte Nachmittagslicht malte Lichtkringel auf den Holzboden der Küche.

„Wenn du mit dem Daumenlutschen aufhörst, lege ich dir ein Fünfmarkstück drauf! Eine Zehnjährige, die noch am Daumen lutscht, das ist doch nicht zu fassen!"

„Auf den Daumen?"

„Wohin denn sonst?"

Das Kind beugte sich über sein Lateinbuch. „In Geschichte haben wir gelernt, dass die Römer ihren Toten Münzen auf die geschlossenen Augen gelegt haben, Mama!"

„Na ja, Fünfmarkstücke werden das nicht gewesen sein …"

Viola schnaufte empört und blies geräuschvoll die Luft durch die Nase aus. Wenn sie die Beine unter dem Tisch bewegte, klingelte das Glöckchen, das von C&A dort aufgenäht worden war. Viola hätte lieber eine richtige Jeans gehabt, von Lee oder von Levis, aber ihre Mama hatte keine Ahnung von Jeans und meinte, die anderen wären zu teuer.

„Soll ich zwei Fünfmarkstücke aufbewahren und sie dir später auf die Augen legen, wenn du tot bist?"

„Bitte?" Die Frau ließ das Messer in ihrer Hand sinken. Der Tomatensaft tropfte von ihren Fingern auf den Küchenfußboden.

Das Mädchen legte den Füller beiseite. „Soll ich noch Petersilie aus dem Garten holen?"

„Gute Idee, dann kann ich mich auch gleich von der Vorstellung von mir als Leiche erholen!"

„Ach, Mama – das war doch nur ein Sche-herz!"

Viola setzte die nackten Füße auf die Holzbohlen der Terrasse. Sie waren erst vor drei Monaten in das Haus eingezogen und der Gartenteich, auf den ihre Eltern so stolz waren, bot noch einen traurigen Anblick. An den Rändern war die dunkelgrüne Plastikplane zu sehen und in der Mitte des kleiner werdenden Feuchtbiotops wuchs halbherzig ein bisschen Schilf, das ihr Vater mit langen Anglergummistiefeln dort eingepflanzt hatte.

Viola ließ sich in die Hocke sinken, um die üppige Petersilie, die prächtig gewuchert war, zu schneiden. Zwei neonfarbige Libellen flimmerten ineinandergehakt über der Wasseroberfläche. Viola mochte den Teich, auch wenn man ihn nicht zum Schwimmen benutzen konnte. Sie war froh über den Umzug in dieses Haus; in der kleinen Zweieinhalb-Zimmer-Wohnung waren die Streitereien ihrer Eltern im Winter immer schlimmer geworden. Hier konnten sie wenigstens nach draußen gehen – oder in den Keller. Es gab dort einen Bügelraum, einen für die Vorräte und dann noch einen, der für die elterlichen Partys vorgesehen war. Den benutzten sie am meisten für ihre Streitereien – und wenn sie trotzdem noch zu hören waren, dann drehte Viola eben ihren Kassettenrekorder ganz laut auf und hörte *Ballroom Blitz* von den Sweet. Die fand sie zwar blöd, aber das war die lauteste Musik, die sie hatte. Die Peter-Alexander-Single, die Oma ihr geschenkt hatte, war einfach zu peinlich. Viola seufzte. Bis zum Abendbrot musste sie noch Latein-Vokabeln lernen, zwei ganze Seiten.

„Wenn du Tierärztin werden willst", hatte Mama gesagt „dann solltest du Latein lernen." Inzwischen wollte sie aber Astronautin werden. Dafür brauchte man bestimmt nur Englisch.

„Wo bleibst du denn?", rief Mama. Sie hielt eine leuchtend-rote Glasschüssel mit Tomatensalat in der Hand. „Es ist schon nach sechs! Wenn du um 18.40 Uhr noch deine Sendung gucken willst, musst du dich mit deinen Römern beeilen!"

Viola trabte ins Haus zurück; das Glöckchen an ihrer Hose bimmelte bei jedem Schritt. Sie hatte schon überlegt, es abzuschneiden, aber dann wäre Mama wahrscheinlich beleidigt. Die fand das Glöckchen süß und deshalb musste Viola jetzt im Münsterland herumlaufen wie eine Alpenkuh, deren Halsglocke an die Wade gerutscht war. Bei Kleidung verstand Mama keinen Spaß, immer musste sie sich einmischen. Vielleicht machte sie das ja, weil sie kein Latein konnte und sich irgendwie rächen wollte. Latein hieß für sie immer nur: „deine Römer".

„Weißt du was?", sagte Viola, als sie ihrer Mutter die Petersilie übergeben hatte und sich wieder hinter ihr Lateinbuch klemmte. „Ich hätte viel lieber eine Schildkröte!"

Ihre Mama band ihre Schürze ab. „Wie kommst du denn darauf?"

Viola beugte sich vor: „Die sind nicht größer als ein Fünfmarkstück, also kannst du mir die auch prima auf den Daumen legen."

„Und was kosten die?"

Viola stieß mit einem zischenden Laut die Luft aus und ließ theatralisch die Schultern sinken. „Das ist doch wirklich deine Lieblingsfrage!"

Ihre Mama lachte ihr trockenes Lachen, das auch oft bei Streitereien mit Papa zum Einsatz kam: „Wenn du mit dem Lohn eines Chemiefacharbeiters ein Haus bauen und eine Tochter zum Gymnasium schicken würdest, dann wäre das auch deine Lieblingsfrage, mein Fräulein!"

„Ihr hättet mich ja nicht kriegen müssen!"

„Die Antibabypille gibt's erst seit Kurzem!"

„Was?"

„Ach, nichts …" Mama begann jetzt lärmend, den Tisch zu decken. Sie hatte schlechte Laune, versuchte aber noch, sich unter Kontrolle zu halten. „Du willst also Schildkröten?"

„Ja, Mama! Bei Andersens Zoohandlung sitzen sie im Schaufenster unter kleinen Sonnenschirmchen! Die sind so niedlich. Mama, bitte! Und wenn wir ein Pärchen kaufen, dann kriegen die Babys und die verkaufe ich dann und dann kriegst du von mir einen ganz tollen Toaster!"

„Woher weißt du denn, dass ich mir einen Toaster wünsche, mein Fräulein?"

„Na, der alte ist ja kaputt gegangen und ihr esst doch immer so gern Toast-Hawaii …"

Mama lachte. „Jetzt beeil dich mal! Heute ist Dienstag, bald kommt Papa vom Kegeln – da will er hier keine Schulbücher mehr sehen!"

„Und die Schildkröte?"

„Mal gucken …"

„Ich hab doch bald Geburtstag, ich werde schon elf! Ich versorge die Schildkröten ganz alleine! Ich nenne sie Pippi Langstrumpf und Paulchen – oder Luise und Williwack …"

„Und mit dem Daumenlutschen ist Schluss?"

„Klaro … und ihr hört auf zu streiten?"

Mama verdrehte die Augen. „Viola! Jetzt mach deine Aufgaben! Sonst gehst du ohne Abendbrot ins Bett!"

Ihre Stimme war plötzlich scharf geworden. Viola senkte den Kopf und kritzelte eilig fünf weitere Vokabeln in ihr Oktavheft. Die Rattenschwänzchen, die ihr links und rechts vom Kopf abstanden, zitterten leicht im Rhythmus des Schreibens.

Zeitfenster Drei – 4. Juli 2010

Am nächsten Morgen ist es endlich kühler geworden. Das Gewitter von gestern Nacht hat die Luft von Staub und Hitze gereinigt. Serafina, meine alte Glückskatze, liegt neben mir auf der Holzbank und putzt sich gutgelaunt mit einer schwarzen Pfote das graue Schnäuzchen. Wie alt mag sie wohl sein? Sechzehn, siebzehn Jahre, vierzehn? Als sie zu mir kam, hatte sie schon graue Barthaare, aber ihre smaragdgrünen Augen funkelten mich so verwegen an, dass ich ihr einfach nicht widerstehen konnte. Das ist jetzt zwei Jahre her.

„Wir werden uns nicht trennen, wir beide, nicht?" Ich strecke die Hand aus und sie schmiegt ihren sonnenwarmen Kopf unter meine Handfläche. Dann kneift sie die Augen zusammen und bearbeitet mit ihrer Raspelzunge kurz und energisch meinen Daumen.

Ich beschatte meinen Blick mit der Hand und beobachte einen meiner tagaktiven Wasserfrösche, der sich auf dem Seerosenblatt sonnt. Nur gut, dass die Teichpumpe wieder funktioniert – eine weitere Reparatur hätte meine Haushaltskasse wirklich nicht vertragen. Und ohne Pumpe würde das Wasser bei dieser Hitze sehr schnell brackig werden. Es braucht Sauerstoff, da es keinen Zustrom gibt.

Violas Besuch erscheint mir heute wie ein böser Traum. Ich bin ihr einfach nicht mehr gewachsen, ihr und ihren Ideen. Ich und eine Seniorenresidenz – das ist das Dümmste, was ich seit Langem gehört habe! Soll ich da Sitztanz machen und Makramee-Ampeln basteln? Seidentücher bemalen und Tonaschenbecher für meinen Schwiegersohn töpfern? Nein, das bloß nicht. Eine Weile halte ich hier noch durch – und wenn nicht mehr: Das Leben hat viele Notausgänge. Ich werde selbst bestimmen, wann hier der Vorhang fällt – und solange meine Tiere mich noch brauchen, bleibe ich.

Wenn nur Ella noch da wäre. Sie fehlt mir so. Es wird immer schlimmer, je länger sie nicht mehr da ist. Als wäre sie auf eine große Reise gegangen, jeden Tag erwarte ich ihre Wiederkehr, aber es gibt keine Wiederkehr. Nie wieder wird sie fröhlich hupend mit unserem zerbeulten R4 in die Einfahrt fahren und nie wieder werde ich im Schlaf ihre weiche, große Hand an meiner Hüfte spüren. Ich habe einen Teil ihrer Asche im Teich verstreut, heimlich, niemand durfte das wissen. Ich hatte einfach das Gefühl, dass ich etwas von ihr so nah wie möglich bei mir behalten wollte. Und die Bank am Teich, das war unser Lieblingsplatz.

Viola, meine Tochter, hat sich weder für Ellas Tod noch ihre Beerdigung interessiert. Sie hat mir nie verziehen, dass ich wegen Ellas Vorgängerin ihren Vater verlassen habe. Obwohl dann endlich Schluss war mit dem ständigen Ehekrieg. Viola hat sich – das muss ich leider sagen – immer für ihre lesbische Mutter geschämt und dass Ella und ich hier 25 Jahre zusammengelebt haben, war für meine Tochter nie normal.

Ella war jünger als ich, fünf Jahre. Es ist ungerecht, dass sie so viel früher gehen musste. Erst war es nur eine Erkältung, aus der dann eine Grippe und eine Lungenentzündung wurde. Seit meinem Unfall – wie konnte ich nur so blöd sein, auf den wackeligen Hocker zu steigen, um das Igelfutter aus dem obersten Regal zu holen – schaffe ich auch den Weg zum Lebensmittelladen nicht mehr. Jetzt rächt es sich, dass Ella und ich uns immer genug waren. Sie hatte ja noch ihre Arbeit, viele Sozialkontakte dadurch, manchmal waren es zu viele. Dann war sie froh, wenn sie sich mit mir erholen konnte. Und ich, ich bin nie besonders gesellig gewesen – die Menschen tratschen mir zu viel. Wir waren hier immer die Exotinnen und irgendwie war uns das auch egal. Hauptsache, man ließ uns in Ruhe. In der Stadt, in Berlin zum Beispiel, habe ich gelesen, gibt es Besuchsdienste für ältere Lesben. So was wäre jetzt schön, kann man hier auf dem Land aber vergessen. Die nächstgrößere Stadt ist Münster, doch wer soll sich hierher aufs platte Land verirren? Manchmal habe ich schon daran gedacht, eine Anzeige aufzugeben, dass ich eine junge Frau suche, die sich ein bisschen um Haus und Garten kümmert. Andererseits liest man ja so viel – und ich habe doch Angst, völlig Fremde hier reinzulassen. Nicht, dass es viel zu holen gäbe. Aber mit meiner Krücke fühle ich mich noch viel hilfloser.

Der Wagen fehlt mir. Es war eine Vernunftentscheidung, ihn aufzugeben. Die Augen … na gut … auf die Dauer wäre ich sowieso zum Sicherheitsrisiko geworden und der Durchgangsverkehr ist wirklich ziemlich gefährlich. Viola hat mir zugesetzt wegen der Abwrackprämie und sie wollte doch unbedingt diesen Neuwagen. „Damit kann ich dich dann immer zum Arzt fahren, Mama!" Ihre Stimme klang wie früher als Kind, wenn sie unbedingt ihren Willen durchsetzen wollte.

„Wuff!" Nancy, die Schäferhundmischung meiner Nachbarn, hat ihren Stammplatz eingenommen und fixiert mich durch den Gartenzaun. Neben ihr wuchern die beiden Rosenstöcke, rosa und rot, die unbedingt gestutzt werden müssten. Die Rosenschere ist leider ziemlich stumpf und der Mann, der sonst regelmäßig zum Schleifen vorbeischaute, hat sich schon lange nicht mehr sehen lassen. Wahrscheinlich würde ich den im Altersheim wiedertreffen, wenn alles nach den Wünschen meiner Tochter ginge. Bloß gut, dass sie nicht das Thema angeschnitten hat, ich soll zu ihr und Stefan ziehen. Eher erschieße ich mich. Das meine ich ganz ernst. Und ich habe sogar eine Waffe. Ellas Bruder war ein Waffennarr und als wir damals seinen Nachlass auflösten, hat

Ella eine kleine Pistole an sich genommen. Sie liegt in der Kommode oben auf dem Treppenabsatz.

Als junge Frau bin ich in einem Sportschützenverein gewesen. Ich habe nie vergessen, wie Waffen gepflegt und gewartet werden. Undeutlich habe ich schon damals gedacht, dass ich immer die Möglichkeit haben möchte, meinen Abgang selbst zu bestimmen. Bei Gelegenheit sollte ich die Pistole im Erdgeschoss deponieren, denn der Tag wird kommen, wo ich die Treppen nicht mehr schaffe.

Ich kann nur hoffen, dass Serafina, meine alte Glückskatze, vor mir stirbt. Der Ausdruck „das Zeitliche segnen", bekommt in unserem Alter eine ganz neue Dimension. Mit ihren circa siebzehn Jahren entspricht ihre körperliche Verfassung ungefähr meinen 84. Nein, ich könnte sie nicht einschläfern lassen, nur wenn ein akuter Notfall einträte. Ich hoffe, dass ich sie eines Morgens friedlich eingeschlafen in ihrem Körbchen finden werde. Und dann, erst dann, könnte ich ernsthaft darüber nachdenken, die Pistole aus ihrem Kästchen zu holen.

„Wuff!"

„Nancy, lass mich! Ich hab mich gerade hingesetzt!"

Die Erfahrung hat mich gelehrt, dass solche Ansagen bei Nancy gar nichts nützen. Sie will getrockneten Pansen und sie weiß, dass er sich in meiner Küche befindet. Bis vor Kurzem war ich bereitwillig zur Stelle, wenn sie von rechts hinter meiner Schulter bettelte, aber seit dem Unfall fällt mir jeder Schritt schwer. Ein gebrochener Fuß, ich hätte nie gedacht, dass das eine solche Katastrophe sein könnte.

Viola hat keinen grünen Daumen, behauptet sie, und deshalb will sie mich dazu zwingen, jemanden für die Gartenarbeit einzustellen. Wovon soll ich das alles bezahlen? Viola ist Architektin geworden statt Astronautin, doch in Krisenzeiten wird nun mal weniger gebaut. „Ich kann dir nicht öfter helfen, Mama!", hat sie letzte Woche behauptet, als sie mir – angestrengt ächzend –

drei Plastiktüten mit Lebensmitteln ins Haus schleppte. Stefan, ihr zweiter Mann, ist Filialleiter des Dorf-Supermarktes, da gibt es für die Schwiegermutter gern abgelaufenen Joghurt oder Salatköpfe, die man von faulen Stellen befreien muss – doch für einen Seniorenteller reichen sie wohl immer noch. Früher habe ich meinen eigenen Salat im Garten gezogen, auch Mangold und Zucchini. Ella und ich waren Selbstversorger. Für unsere Frühlingszwiebeln haben wir sogar schon mal einen Preis gewonnen. Vielmehr: Ella hat ihn gewonnen.

„Wuff!" Nancy durchbohrt mich verlangend mit ihren braunen Schäferhundmix-Augen und leckt sich demonstrativ die Lefzen. Ich ignoriere sie.

Vor sieben Jahren – als Nancy ein entzückendes Wollknäuel mit überdimensionierten Pfoten war –, fing Ella an, ihr getrockneten Pansen durch den Gartenzaun zuzustecken. Ich hasse das Zeug! Man muss es in Stücke zerschneiden und ich bewahre es in einer durchsichtigen Box in der Küche auf. Ich verabscheue es, den Trockenpansen, der wie verwittertes Holz aussieht, zwischen Daumen und Zeigefinger zu nehmen. Aber Widerstand ist zwecklos. Nancy wird so lange bellen, bis ich mich aufraffe, um ihr den vermaledeiten Trockenpansen zu holen. Sie ist dann wie eine Zeitschaltuhr auf eine Bellfrequenz von drei Minuten eingestellt. Alle drei Minuten ertönt das kurze fordernde Wuff. Menschen, die stärker besaitet sind als ich, könnten es mühelos ignorieren. Einmal habe ich es versucht und 22 Minuten durchgehalten.

„Was machen Sie denn heute mit unserem Nancylein?", ließ sich dann der schmerbäuchige Nachbar vernehmen. Es war Hochsommer und der Anblick seines schweißüberströmten, knallroten Oberkörpers wäre mir gern erspart geblieben. Ich hatte ihn keiner Antwort gewürdigt und war einfach ins Haus gegangen.

Doch heute halte ich nur sieben Minuten lang durch. Als ich Nancy abgefüttert habe und erleichtert zu meinem Gartensessel zurückhumpeln will, bemerke ich, dass ich aus dem Teich heraus beobachtet werde.

„Paulchen!"

Die Schildkröte – inzwischen riesengroß und über 40 Jahre alt – sperrt ihr rosiges Maul auf. Ich seufze und überlege, ob ich es wagen kann, erst mal meinen Kaffee auszutrinken. Verhungern würde Paulchen ohne mich sicher nicht. Doch die langen Rindfleischstreifen, die sie von mir aus der Hand gefüttert bekommt, sind ein tägliches Ritual, auf das wir nur ungern verzichten. Jedes Frühjahr erwarte ich angespannt die Wiederkehr der Schildkröte. Seit vielen Jahren vergräbt sie sich im Herbst im Schlamm des Gartenteichs, der immer mehr zu einem blühenden, wuchernden Feuchtbiotop geworden ist. Ella war es, die den Garten in ein Paradies verwandelte. Sie wusste die Bedingungen zu schaffen, die Baldrian und Mädesüß davon überzeugten, sich hier anzusiedeln. Jetzt im Juli ist der Wassergarten am allerschönsten. Um diese Jahreszeit vermisse ich Ella am meisten. Sie hat ein Jahr vor ihrem Tod den Gingko angepflanzt, der jetzt von Hummeln umkreist wird. Ella war es, die wusste, dass Igel Katzenfutter fressen, und so gibt es im Sommer das Abendritual, den Napf des Igels zu füllen, während in der Dämmerung winzige weiße Falter über die Teichflora schweben.

Was wird aus Paulchen, wenn Viola das Haus verkauft? Behalten will sie ihn nicht – das hat sie mir schon oft gesagt. Ich fühle noch immer die kleinen Schildkrötenaugen auf mich gerichtet. „Gleich geht's los, Pauli", versichere ich und rappele mich mühsam auf.

In der Küche starrt mir neues Chaos entgegen. Schon wieder schmutziges Geschirr, Essensreste – auf dem Boden klebt etwas, das aussieht wie ausgelaufenes Eigelb. Wo hat Viola nur den Zettel mit der Telefonnummer der Putzfee hingelegt?

Ob ich es schaffen werde, sie anzurufen? Warum versteht Viola nicht, dass es mir unendlich peinlich ist, eine Fremde den Schmutz sehen zu lassen, den ich nicht mehr bewältige?

Ella hätte es verstanden. Ich betrachte ihr Bild neben dem Gewürzschränkchen. Sie lächelt mich an, ein gelbes Stirnband im wolligen, grauen Haar. „Ich weiß", sage ich, „du hättest dich nicht so hängen lassen."

Ich nehme das Fleisch für die Schildkröte aus dem Kühlschrank. Das Stehen tut weh. Vielleicht sollte ich mir das Fußbänkchen zum Teich mitnehmen. Ich habe Schwierigkeiten, wieder hochzukommen, wenn ich mich hinhocke. Für die Gartenarbeit habe ich mir das Fußbänkchen schon seit einer Weile angewöhnt. Warum nicht auch für die Schildkrötenfütterung?

Ich trage das Fußbänkchen – mühsam unter den Arm geklemmt – nach draußen. Hinter mir bellt Nancy. „Nein!", sage ich entnervt. „Du hast doch gerade erst bekommen!"

Im Teich reckt Paulchen das Köpfchen aus dem Wasser und paddelt mir flink entgegen. Ich empfinde Dankbarkeit für die Unfähigkeit der Schildkröte zu bellen.

Serafina versucht meine Beine zu umstreichen, während ich mich unbeholfen auf dem Fußbänkchen zurechtsetze.

„Stimmt, du hattest auch noch keine Abendbrot, was?"

Serafina gibt einen ihrer tiefen, grollenden Miau-Töne von sich. Wenn sie im Katzenchor singen würde, wäre sie ein Bariton.

Ich halte der Schildkröte einen Fleischstreifen hin. Ihr Kopf zuckt blitzschnell aus dem Teich. Das Fleisch ist schon in ihrem Maul verschwunden.

„Ist ja gut", sage ich zu Serafina, die ihren schnurrenden Körper dringlicher an meine Beine presst. „Nun bist du an der Reihe!"

Eilfertig rennt sie vor mir her, erstaunlich behände für eine so alte Dame. Sie schaut über die Schulter zu mir zurück, also wolle sie sagen: „Jetzt aber mal Hopp, Hopp! Ich habe Hunger!"

„Vielleicht hast du Recht", sage ich zu Serafina. „Die nächste Mahlzeit ist immer das Wichtigste."

Für einen Moment sehe ich all die Mahlzeiten vor mir, die noch auf mich warten, bevor ich – wie man so schön sagt – „den Löffel abgebe". Ich straffe mich. Ins Seniorenheim werde ich nicht gehen, auf gar keinen Fall. Vielleicht sollte ich Scarlett anrufen, eine Freundin von Ella. Ihr Leitspruch ist: „Darüber werde ich morgen nachdenken!"

Das „Tara" dieser neunzigjährigen Scarlett ist eine seniorengerechte Eigentumswohnung in Münster, die sie schon vor vielen Jahren bezogen hat. Ja, denke ich, Scarlett wird eine Idee haben, wie ich es schaffen kann, zumindest bis zum Ableben von Serafina hier zu bleiben. Die Schildkröte zu überleben wäre allerdings ein etwas zu hochgestecktes Ziel.

Das fünfte Gebot

Christoph Klimke

Sie schaut mich an, sieht mir direkt in die Augen. Sie hat unendliches Vertrauen in mich. All die Jahre. Von klein auf. Immer an meiner Seite. Bei Regen und Sturm, bei Hitze und Tag und Nacht. Ich habe keine Nacht ohne sie geschlafen. Ihr Atem, ihr Schnarchen zuweilen, ihre Wärme, ihr Geruch waren mir Beruhigungen, Sicherheit, mir könne nie etwas geschehen. Nun ist sie alt, weise schon immer, krank aber, kann kaum laufen, schwer, sich erheben. Sie stöhnt bei jedem Gang, Medikamente sind unser Alltag, Besuch beim Arzt, der immer verzweifelter mir zu verstehen zu geben versucht, es geht nicht mehr, es ist so weit.

Heute ist es so weit. Jetzt. Der Arzt kommt ins Haus. Ich halte dich im Arm, ich höre deinen Atem, rieche dein Fell. Du siehst mich an voller Vertrauen und doch, als wüsstest du genau, was dir geschehen wird, und müsstest mich noch trösten. Der Arzt streichelt dich ein letztes Mal, gibt dir ein Leckerchen. Mir kommen die Tränen, ich will mich zusammenreißen, aber es geht nicht. Du willst mir helfen, da dir nicht zu helfen ist. Der Tod eine Erlösung? Schuld? Ich fühle mich schuldig und muss es geschehen lassen, sagt der gesunde Menschenverstand, als gäbe es ihn. Der Arzt setzt die erste Spritze. Die Augen drehen sich weg. Du schläfst und träumst vielleicht all die Jahre. Deine Pfoten rennen im Schlaf. Der Arzt setzt die zweite Spritze direkt ins Herz. Ein Zucken. Ein unterdrückter Schrei. Mitschuldig. Der Körper entspannt sich. Urin läuft aus. Vorbei. Wir wickeln dich in eine Decke. Der Arzt nimmt dich mit und ich will nicht wissen, was mit diesem Leib geschehen wird. Ein Opfer? Ein sinnvoller Tod? Ich räume deinen Napf weg, das Halsband, die Leine. Der Geruch bleibt. Durchs Fenster sehe ich den Regen.

Im Sommer sind wir ans Meer gefahren. Ich setze mich in den Sand, du liegst neben mir. Über dem Wasser nur Himmel. Ab und zu ein Segel. Plötzlich reckst du die Schnauze und verfolgst ein Wesen, unsichtbar für mich. Ja, Hunde können Engel sehen, Boten einer anderen Welt, in die wir nie gelangen werden. Es sei denn an ihrer Seite.

Etwas Besseres als den Tod finden wir überall

Christoph Klimke

Vor vielen Jahren an einem heißen Junitag in Bonn-Bad Godesberg bringe ich Schäferhündin Happy in die Dachwohnung. Andreas hat an diesem Nachmittag Probe, ich war am Bach Gassi und Happy kaum aus dem Wasser zu holen. Dann schnell zum Tiergeschäft Herrgarten, „Härrjachten" hier genannt, wo die gütige Chefin dem Hund ein Leckerchen spendiert. Ich will zum Bad Godesberger Bahnhof, da Freundin Mouche aus Berlin anreist, um die letzte Aufführung meines Stückes *Blutsbrüder* am Schauspiel Bonn anzuschauen.

Blutsbrüder erzählt die Geschichte eines Mannes, der unfreiwillig von seinem Arzt auf HIV getestet wird. Er bekommt das positive Ergebnis und hält seinen Helfer, für ihn ein Täter, die ganze Nacht fest und droht ihm die Blutsbrüderschaft an. Das Theater Bonn hat hierfür eine besondere Spielstätte direkt am Rhein gefunden, das Mausoleum einer reichen Familie, die die Grabstätte allerdings seit geraumer Zeit verwaisen lässt. Ich war erst gegen diese verdoppelnde Idee, als ich aber den Ort sah, war ich beeindruckt. Die beiden Schauspieler spielen zwischen echten Grabplatten und der Ort ist somit das Bühnenbild.

Mouche, eine echte Katzenfreundin, die vor langer Zeit in Peru gelebt hat und dort auch einmal die Leibspeise der ärmeren Bevölkerung, die Meerschweinchen, probieren musste, begrüßt mich und wir gehen auf Happys Terrasse. Sie streichelt den unter der Hitze leidenden Wolf und ich koche Cappuccino. Da klingelt das Telefon, Andreas' Hausärztin bittet mich dringend in ihre Praxis.

Mein Freund ist bei der Probe vor Kopfschmerzen beinahe zusammengeklappt; ein Kollege hat ihn zur Ärztin gebracht und diese schlägt nun Alarm. Die Kopfschmerzen der letzten Monate, die wir als typische Schauspielermanier abgetan haben, haben offensichtlich bösere Ursachen. Ich bringe Andreas per Taxi zur Computertomografie, der krümmt sich und hält den Kopf fest in seinen Armen. Während man ihn durch die Röhre schiebt, beobachte ich die nervös auf den Bildschirm zeigenden Fachärzte, die uns dann mit dem Befund zurück zur Hausärztin schicken: eine pflaumengroße Zyste hinter einer Schläfe ist da gewachsen und verhindert, dass das Gehirnwasser abfließt. Die OP ist dringend. Schnell in die Uni-Klinik. Dort in der Notaufnahme sitzen wir beide vor einem großen Aquarium, doch die friedlich vor sich hin schwimmenden Fische können uns nicht beruhigen.

Irgendwann kommt ein Chirurg, setzt meinen Freund in einen Rollstuhl und schiebt uns beide in ein Nebenzimmer. „Sie müssen mir jetzt helfen", sagt er zu mir und öffnet seinen Arztkoffer, der einer Werkzeugkiste ähnelt. Er holt einen Nassrasierer heraus, rasiert seinem Patienten den Kopf, setzt zwei Spritzen zur Betäubung und greift zu einem großen Handbohrer. „Stellen Sie sich hinter ihn und halten Sie seinen Kopf einfach fest!" Gesagt, getan. Ich würde in diesem Moment des Schocks wahrscheinlich alles tun, was der Retter mir befiehlt. Andreas ist bei Bewusstsein, der Arzt setzt den Bohrer an, dreht ihn kräftig durch die knackende Hirnschale. Und das an zwei Stellen. Dann setzt er Schläuche mit Beuteln an, die Flüssigkeit fließt endlich ab und der Schmerz wird nachlassen. Ich staune über mich selbst und diesen Pragmatiker, der Andreas nun in sein Zimmer fährt. Wir heben ihn ins Bett und nach fünf Stunden, die diese ganze Prozedur seit dem Anruf der Ärztin gedauert hat, muss ich dringend zum Hund, der allein in der Wohnung wartet.

Andreas geht es besser, ich erkläre ihm alles, er beruhigt sich und mich und schläft ein. „Bis morgen", sage ich ihm mit einem Kuss. Dann im Taxi vom Venusberg runter nach Bad Godesberg. Es ist 22 Uhr und immer noch heiß. Ich zahle und steige aus, da sehe ich, wie Mouche mit der langen Leine Happy gerade in den Park führen will. Ich nehme ihr unsere Hündin ab und erkläre beiden, was geschehen ist. Nach einer kurzen Runde brauche ich dringend ein kaltes Bier und einen Schnaps. Wir gehen zu Athina ins „Mythos", eine der freundlichen Stammkneipen nahe den Kammerspielen. Die Wirtin sieht mir gleich die Katastrophe an und tröstet mich mit den gewünschten Getränken. Am Nachbartisch sitzen die Schauspieler der Produktion *Othello*, in der Andreas besetzt ist. Der Verwaltungsdirektor ist mit von der Partie und ich erzähle ihm, dass mein Freund für Wochen ausfällt. Ohne ein Wort des Mitgefühls, ohne die Nachfrage, was man für den Kranken tun könnte, meint er nur kurz und knapp: „Da müssen wir ja Einiges umbesetzen!"

Ich bestelle sofort noch einen Schnaps angesichts solchen Beistands und Mouche, Happy und ich besuchen in dieser Nacht alle Kneipen, in die unsere Töle will.

Als nach Tagen endlich der Morgen der OP gekommen ist, bin ich natürlich mehr als nervös. Am Abend vorher habe ich meinem Liebsten auf seinen ausdrücklichen Wunsch Susie gebracht, eine winzige Stofftierhündin aus einem Billigshop. Susie ist made in Taiwan, aber bewirkt das Wunder, dass ihr Freund sie fest in den Händen haltend gut einschläft. Nach gelungener OP kommt sie am Abend gleich mit ihm auf Station. Ich muss beiden *Die Bremer Stadtmusikanten* vorlesen, die ja wissen, etwas Besseres als den Tod finden sie überall. So auch in der Uni-Klinik Bonn.

Andreas ist in einem Sechs-Bett-Zimmer untergebracht und sieht aus wie ein Marsmännchen. Zwei Schläuche mit herunterhängenden Beuteln kommen aus seinem Schädel, der rundherum verbunden ist. Er ist erleichtert und memoriert seine Theatertexte, um sich zu beweisen, dass das Gedächtnis nicht mit herausoperiert worden ist. In den anderen Betten lauern gestandenene Familienväter verschiedenen Alters auf ihre schwere OP. Die schlimmsten neurochirurgischen Fälle sind hier zusammengelegt und wir ahnen, dass nicht bei allen die Geschichte so gut ausgeht wie bei unserem Marsmännchen.

Susie sitzt auf Andreas' Nachttisch und die Patienten rundum, die von Freundinnen oder Ehefrau Besuch bekommen, gewöhnen sich an uns zwei Männer. Und Nacht für Nacht vergibt Andreas unsere Susie an den Mitpatienten, der am nächsten Morgen operiert wird. Da sagt keiner: nein. Alle nehmen Susie mit ins Bett und hoffen, dass dieser Talisman jedem das Glück bringt, das das Stofftier Andreas wohl gebracht hat.

Als Kind wurde Andreas am Herzen operiert. Sein ansonsten harscher Vater schenkte ihm damals einen Stofftier-Affen, Jokko, der nun Mitte vierzig sein muss und immer noch im Berliner Schlafzimmer auf ihn und uns aufpasst. Ich habe für meine Maläsen Jokkolinchen geschenkt bekommen, auch damit der langsam ins Alter kommende Jokko jung bleibt. Freunde von mir sammeln Bären, Kasper-Puppen oder Marionetten und lieben ihre Glücksbringer. Andere schütteln bei solchen Geschichten nur den Kopf.

Als ich Andreas aus dem Krankenhaus abhole, gehen wir mit Happy auf dem Petersberg Gassi. Es ist es schwüler Sommertag und Susie haben wir in der Tasche im Auto gelassen. Happy ist überglücklich, dass das Herrchen wieder da ist, wenn auch wacklig auf den Beinen, aber somit ein Fall für uns: Wir werden Andreas in den nächsten Wochen verwöhnen mit seinen geliebten Erdbeeren, Unmengen gesunden Grünen Tees, dem Kölschchen am Abend und Jokko und Susie im Bett. „Schlaf gut", küssen wir uns jede Nacht und haben etwas Besseres als den Tod gefunden.

Hoffentlich brauchen wir unsere Glücksbringer nicht allzu oft.

Hasi, Mausi, Taube, Katzi oder Bärchen lauten die Spitznamen einiger Freundinnen und Freunde. Über meine Spitznamen herrsche Schweigen! Aber eines ist gewiss: ob in Berlin, Palermo, Hallein oder Kärnten, ob unterwegs im Hotel oder zu Gast bei den Armen und Reichen, unser Zimmer ist unsere Hütte. Wir schließen die Tür und ausgeschlossen ist jede Gefahr. Bis auf Widerruf.

Muttersägenkurs

Sarah Mondegrin

„Wie erlangen Katzen diese rätselhafte Zufriedenheit, dieses Gefühl, das unserer menschlichen Zufriedenheit zwar ähnelt, aber
doch irgendwie tiefer, dauerhafter, ja authentischer wirkt?“

Esja klappte das Buch zu und warf einen entnervten Blick auf
den Einband: *Katzen lieben anders* von einem gewissen Jeffrey M.
Mason. Esjas Freundin Sina war Tierärztin und hatte behauptet,
nach der Lektüre würde es Sina gelingen, die Sprache der Katzen besser zu verstehen. Twink war eine wunderschöne, schwarze
Norwegerkatze und Dao normalerweise ein lustiger und äußerst
unterhaltsamer junger Siamkater. Das kleine Mokkagesicht war
erst vor sieben Monaten in ihre kleine Familie gekommen. Dass
er jetzt nicht lustig war, konnte ihm wohl niemand vorwerfen.
Er hatte gerade eine im wahrsten Sinne des Wortes „einschnei-
dende“ Operation hinter sich.

„Feline Linguistik“, so nannte Sina die Sprache der Stubenti-
ger. Manchmal, wenn ihre Freundin solche Sachen sagte, hätte

Esja sich am liebsten in eine Katze verwandelt. Dann wäre sie Sina gegenüber in die sogenannte Breitseitstellung gegangen: sie hätte einen Buckel gemacht, Rücken- und Schwanzhaare gesträubt und hätte bedrohlich mit dem buschigen, rotweißgeringelten Schwanz hin- und hergeschlagen. Ja, es wäre entlastend gewesen, das dichte Fell zur Flaschenbürste aufzusträuben, um ihren Ärger zu zeigen!

Sie pfefferte das Buch von sich. Wenn sie sich mit Lesen beruhigen wollte, sollte sie lieber ins Internet gehen und die Preise der neuen Kettensägen vergleichen. Die sowohl manuell als auch durch Massenträgheit auslösende Kettenbremse ging ihr einfach nicht mehr aus dem Kopf. Erst gestern früh hatte sie ja gesehen, wie wichtig es sein konnte, dass die Sägenkette in Sekundenbruchteilen zum Stillstand kam.

Oh, Dao war endlich aufgewacht. Der Siamkater maunzte schwach und seine blauen Augen weiteten sich. Esja hockte sich vor sein Körbchen, das auf dem rotkarierten Sofa neben dem offenen Kamin stand. Vor wenigen Stunden hatte die Kollegin, der Sina seit Jahren wie einer Göttin vertraute, die Keimdrüsen des Siamkaters entfernt. Esja war nicht glücklich, mit dem frischoperierten Dao alleine zu sein. Sie kannte sich mit Motorsägen besser aus als mit Katzen. So vorsichtig wie möglich legte sie einen Finger unter das kuschelige Kinn des blauäugigen Katers. Sie kraulte ihn sanft und wundersamerweise begann Daos Kehle vor Schnurren zu vibrieren.

Esja wurde ganz übel vor Scham. Sie fand es schlimm, was Menschen ihren Tieren antaten. Sicher, eine Kastration des Katers war unumgänglich gewesen. Es sei denn, man liebte den grollenden Gesang eines rolligen Siam-Katers. Am Anfang hatten sie und Sina seine wehmütigen Arien im gekachelten Bad noch ganz lustig gefunden. Dao suchte sich zielsicher die beste Akustik für seine Klagelieder aus. Doch dieser Effekt nutzte sich schnell ab. Außerdem hatte er damit begonnen, seine Umgebung zu markieren. Nein, es hatte keinen Sinn mehr gehabt, sie mussten etwas unternehmen.

Sina hatte Esja zwingen wollen, den genauen Ablauf dieser Operation im Internet nachzulesen, aber Esja hatte sich geweigert. Sie konnte einfach kein Blut sehen, noch nicht einmal virtuelles. Das hätte sie sich allerdings vorher überlegen sollen – besonders vor dem „Muttersägenkurs".

Alles hatte damit angefangen, dass sie im Radio statt „Motorsägen" das Wort „Muttersägen" verstand. Und nun musste sie mit den Folgen dieses Verhörers fertig werden. Ihre ganze berufliche Zukunft hatte sie von einem Verhörer abhängig gemacht! Mutter statt Motor. Manchmal konnte sie es selbst kaum fassen.

In der Küche hörte sie Twink, die andere Katze, neben dem Futternapf scharren. Als überzeugte Vegetarierin war es Esja nicht leichtgefallen, Rinderhack und Geflügelleber für die schwarze Norwegische Waldkatze anzubraten, aber die Harnsteindiät musste – laut Sina! – unbedingt eingehalten werden.

„Hör auf zu meckern!", rief sie Richtung Küche. Das Scharren wurde stärker.

Wenn nur Sina da wäre! Doch die Reise hatte sich nicht aufschieben lassen. Einmal im Jahr arbeitete Sina ehrenamtlich für die „Spanischen Pfötchen", einer Tierschutzorganisation in Malaga. Esja wäre es lieber gewesen, wenn Sina selbst die Kastration von Dao ausgeführt hätte. Sina hatte die Arme vor der Brust verschränkt und sich empört geweigert: „Wie stellst du dir das vor? Dafür ist mir Dao viel zu nah! Auch Tierärzte brauchen professionelle Distanz!"

Na, sehr schön – und wegen dieser professionellen Distanz saß sie, Esja, nun hier allein da: mit einem frischkastrierten Kater und einer launischen Norwegerkatze, die Harnsteine hatte!

Wenn sie, Esja, Krallen gehabt hätte, dann wäre sie jetzt zu Sinas Lieblingssessel mit dem Rücken aus Korbgeflecht geschlendert. Sie hätte sich hochgereckt, die Vorderpfoten lang ausgestreckt und genüsslich ihre Krallen gewetzt, dass es nur so krachte! Diverse Internetforen hatten sie informiert, dass die Drüsen zwischen den Katzenzehen ein für Menschen nicht wahrnehmbares Sekret produzieren, womit Katzen gern ihr Revier markieren.

In der Küche war Twink dazu übergegangen, mit dem Napf zu kegeln. Zwischendurch kratzte sie ärgerlich auf dem Boden herum. Einmal hatte Esja in einer Zoo-Doku gesehen, wie ein ausgewachsener Löwe neben dem Rinderknochen herumscharrte. Sie hatte ihren Augen nicht trauen wollen, aber Sina hatte nur resigniert gelächelt. „Sie machen es genauso wie die Kleinen", sagte sie, „allerdings umfasst das Revier eines ausgewachsenen Löwen mit seinem Rudel zwanzig bis 400 Quadratkilometer."

Esja hatte Sina den Rücken zugewandt und das Bookmark ihrers Lieblingsmotorsägen-Portals aufgerufen. Sie hatte sich schon mehrere Vorträge von Sina anhören müssen, die ihr erzählte, dass die Homosexualität bei Herdentieren am weitesten verbreitet sei. Bei Löwen wäre es so, hatte Sina eifrig mit erhobener Stimme doziert, dass sich Löwenmännchen, um ihre Loyalität zu beweisen und gemeinsam und problemlos ihr Rudel anzuführen, ihren männlichen Konkurrenten anböten.

Esja hatte sich vom Motorsägen-Portal losgerissen und spöttisch über die Schulter gesagt: „Wenn das jetzt ein Vorschlag sein sollte, das hättest du auch einfacher haben können!"

Sie seufzte. Sina fehlte ihr, aber die Spanischen Pfötchen gingen vor. Dao hatte die Augen wieder geschlossen und schnarchte vor sich hin. Täuschte sie sich oder war da gerade ein leises Wimmern gewesen? Hatte er etwa Schmerzen? Himmel, sie hätte besser zuhören sollen, als Sinas Kollegin ihr erzählte, wie sie sich nach der OP zu verhalten hatte. Aber diese Frau war so verdammt arrogant, dass Esja das Gespräch so schnell wie möglich beenden wollte. Vielleicht war sie ja auch etwas eifersüchtig, weil Sina immer voller Bewunderung von dieser Koryphäe sprach.

Tja, Esja war ja nur eine einfache Försterin mit einer absurden Geschäftsidee! Sie hatte viel zu viel Hoffnung auf diese Luftblase gesetzt! Seit gestern hatte sie wirklich Zweifel, ob das „Muttersägen" praktikabel war. Und die vielen Werbeprospekte, die sie bereits hatte drucken lassen. Hochglanz! Fünfhundert Euro hatte der Spaß gekostet. Ihr Coach hatte sie dazu angestachelt, den Erfolg zu visualisieren. „Groß denken! Ruhig auf Risiko gehen! Esja, das Muttersägen, das ist super! Damit kommst du ganz groß raus!"

Na ja, der Coach hatte ja auch nicht gestern Morgen in die entsetzten Gesichter der Mütter sehen müssen. Realität und Vision konnten ganz schön weit auseinanderklaffen, das hatte sie schmerzlich erfahren müssen.

Sie musste sich ablenken, zur Ruhe kommen! Sie zog das Buch wieder zu sich heran und heftete die Augen auf den Artikel über die Emotionen der Katzen.

„Sie scheinen nicht an die Zukunft zu denken, nicht einmal an die unmittelbare. Es ist, als würden sie ihre ganze physische Energie aufwenden, um die volle emotionale Kraft des Augenblicks zu empfinden."

In der Küche wurde jetzt sehr energisch der Plastiknapf über den gefliesten Boden geschoben. Dao zuckte mit den Ohren und drehte sie Richtung Küche. Esja hatte vor Kurzem gelernt, dass sich in einem Katzenohr mehr als 20 Muskeln befanden, die es ihnen ermöglichten, die Ohrmuscheln in fast jede Position zu bewegen, eine Fähigkeit, die sie mit Neid erfüllte.

„Sie sind wachsam gegenüber Gefahren, aber sie warten nicht voller Sorge auf Katastrophen oder gar den Tod. Sie blicken auch nicht reue- oder schuldvoll zurück und fragen sich, was wohl geschehen wäre, wenn sie nicht so gewesen wären, wie sie waren."

Auf Englisch hieß das Buch: *The Nine Emotional Lives of Cats. A Journey into the Feline Heart.* Sie hatte es auf Sinas Bettseite gefunden und es war genau an der Stelle aufgeschlagen gewesen. Esja schüttelte den Kopf und schloss für einen Moment die Augen. Die Betrachtungen des Autors waren von ihrem eigenen Leben ungefähr so weit entfernt wie ihre jetzige geografische Position zu ihrer Heimat. Esja war auf der Orkney-Insel Mainland geboren worden, einem kleinen Eiland vor der schottischen Nordküste. Bis zum siebzehnten Jahrhundert hatte die Inselgruppe zu Norwegen gehört.

Vielleicht half ihr diese Tatsache ja irgendwie, die Mäkeligkeit der Norwegischen Waldkatze Twink beim Fressen besser zu ertragen? Sina hätte diesen Zusammenhang etwas weit hergeholt gefunden, aber das konnte Esja egal sein. Warum vergaß Sina eigentlich immer wieder, dass Esja Robben früher wesentlich näher gestanden als Katzen?

Und dennoch, Sina fehlte ihr fürchterlich! Ihr hätte sie vom Muttersägen-Desaster erzählen können. Sina hätte eine Lösung gewusst. Aber am Telefon ging das nicht. Erstaunlich vieles eignete sich nicht dazu, am Telefon besprochen zu werden. Wie gern wäre sie mit nach Spanien gefahren! Ausgerechnet in dieser Woche war die Katzensitterin ihres Vertrauens schon ausgebucht gewesen. Und da Esja bei den Katzen bleiben musste, hatte sie unvorsichtigerweise beschlossen, den allerersten Muttersägen-Kurs in diese Woche zu legen. Sina hatte darauf gedrängt, den Kater so bald wie möglich operieren zu lassen. So war eins zum anderen gekommen – und nun war das Chaos perfekt!

Das Muttersägen! Hoffentlich rief der Coach heute nicht an, um zu fragen, wie es gestern gelaufen war. Zu plastisch waren noch Esjas Erinnerungen an gestern und daran, dass es beinahe frische Blutspuren im Schnee gegeben hätte.

Gott sei Dank war Wochenende, ein schneezerzauster Samstagvormittag, und da sie gestern – nach der Arbeit – noch eingekauft hatte, musste sie die großzügig ausgebaute Hütte vorerst nicht mehr verlassen. Sina und sie lebten in einer Berliner

Laubenkolonie, in der das Überwintern offiziell nicht gestattet war, aber die Zuständigen drückten ein Auge zu. Seit Neuestem hatten sie sogar Fußbodenheizung und die Katzen lagen oft mit seligem Behagen auf dem Boden ausgestreckt. Für sie musste es keinen Himmel geben, das stand fest. Sie waren schon jetzt im Paradies angekommen, wenn sie frei waren von Angst und Schmerzen.

Twink betrat geräuschlos das Wohnzimmer. Sie setzte eine Pfote versuchsweise auf das Sofa. Die hohe Rückenlehne des Sofas war eine von Twinks Lieblingsplätzen. Esja hoffte, dass Twink sich auf ihrem Nacken niederlassen würde, denn nichts empfand sie in letzter Zeit als beruhigender und wärmender als das Gewicht der großen, schnurrenden Katze.

Doch Twink erkletterte erst mal die höchste Plattform ihres heißgeliebten Kratzbaums, von dem aus sie das ganze Zimmer übersehen konnte. Eine Waldkatze hielt sich natürlich am liebsten auf einem Baum auf. In ihrem Schnurrbart hatte sich ein Bröckchen Feuchtfutter verfangen. Der Hunger hatte wohl doch über die Abneigung gesiegt.

„Meine Liebe, du solltest dich gleich mal putzen!"

Manchmal wunderte Esja sich, dass sie nun tatsächlich mit den Katzen sprach. Bis vor Kurzem hätte sie sich das nicht vorstellen können. Sie war einfach keine Tierfreundin gewesen. Doch kein Zweifel, widerstrebend, aber unaufhaltsam hatte sie sich besonders mit Twink angefreundet. Vielleicht, weil sie beide diese historische Verbindung zu den Felsküsten Westnorwegens hatten. Sina hätte bei diesem Gedanken wieder mit dem Kopf geschüttelt. „Eine Katze, die hat doch keine historische Verbindung!"

Esja wusste, dass Sina Recht hatte, wie meistens – und dennoch tröstete sie die Vorstellung, dass Twink und sie sich gut verstanden hätten – auch in der Menschensprache. Twink hätte ihr etwas auf Norwegisch erzählt und Esja hätte auf Orkney-

Englisch geantwortet. Viele englische Muttersprachler hatten auf den Orkneys Probleme mit den älteren Einheimischen, denn ihr Englisch klang sehr skandinavisch, aber Skandinavier und Orcadians kamen gut miteinander zurecht.

Esja rief die Wetterseite des „Orcadian", einer der virtuellen Orkney-Zeitungen, auf. *„Sunny spells and wintry showers"*, sie lächelte zufrieden. Wenigstens dort war alles beim Alten. Wenn alle Stricke rissen, dann könnte sie immer noch nach Hause gehen und notfalls als Rangerin in einem der Naturschutzgebiete arbeiten.

Twinks begann jetzt ihr buschiges Fell zu putzen. Es war schwarz und Esja hatte gelesen, dass in Westnorwegen die schwarzen und blauen Katzen dominierten. Blaue Katzen?

Was sollte das denn sein?

Esja goss sich noch eine Tasse Tee ein. Heute war nicht der Tag, um diese Frage zu beantworten. Blaue Katzen, grüne Katzen – was spielte das schon für eine Rolle? Sie hatte endlich frei und musste – wenn sie es schaffte, etwas Abstand zu bekommen – zwei Tage nicht mehr an all die Unbill des Lebens da draußen denken.

Stattdessen wanderte ihr Blick wieder zu Twink, ihrem heimlichen Liebling. Sie sah so anmutig aus, wie sie jetzt, ein Bein elegant hochgereckt, da saß und ihren gelben Blick durchs Zimmer schweifen ließ.

Sina wäre gar nicht einverstanden gewesen, wenn sie von Esjas Vorliebe für Twink gewusst hätte. Ihrer Ansicht nach verdiente jede Katze genau das gleiche Maß an Zuneigung. Mit dieser Einstellung erinnerte sie Esja an ihre eigene Mutter, die auch immer behauptet hatte, alle ihre Kinder seien ihr gleich lieb.

Twink hatte viel zu tun, wenn sie sich putzte. Allein die Fellbüschel zwischen ihren Zehenballen erforderten sorgfältige Aufmerksamkeit. Twink hatte sich vorhin stundenlang im frischen Schnee herumgetrieben und widmete sich jetzt der Fellpflege.

Wenn Esja Twink dabei beobachtete, wie sie hingebungsvoll mit geschlossenen Augen ihre Pfoten mit der Zunge bearbeitete, musste sie dem Buchautor doch zustimmen. Ja, er hatte Recht, wenn er sagte, das Katzen wohl das Gefühl zu haben scheinen, perfekte Lebewesen zu sein.

„Vielleicht ist dies der Grund dafür, dass Zen-Klöster häufig Katzen in ihren Mauern beherbergen. Es scheint so etwas wie ein Katzen-Zen zu geben – einen Zustand des Mit-sich-selbst-Seins, das nichts mit Selbstverherrlichung zu tun hat. Es ist nichts anderes als die Akzeptanz einer natürlichen Ordnung, in der alles gut ist im besten aller möglichen Universen, eine Mischung aus Friedfertigkeit, Ruhe, Sicherheit, sonniger Faulheit und der Freude an dem Wissen, dass das Leben an sich gut ist."

Dao rollte sich jetzt auf den Rücken und gab den Blick auf seinen rasierten Bauch mit der großen Naht frei.

„Na, geht es dir besser?", fragte Esja leise.

Dao war ungewöhnlich quadratisch für einen Siamkater. Mit seinen blauen Augen sah er immer erstaunt aus und futterte sich gern bei den Nachbarn durch. Sina pflegte ihn hochzuheben, indem sie schnell ihre Arme unter ihm durchsteckte und ihn dann umdrehte. Dao lag dann in ihren Armen wie ein Baby und ließ sich umhertragen, wobei er sein leicht kurzatmiges, röchelndes Schnurren ausstieß.

Bis noch vor einem Jahr hätte Esja Motorsägen einer Katze vorgezogen. Motorsägen waren das Einzige gewesen, das sie genauso liebte wie ihre Freundin Sina. Doch dann hatten sie Twink unter einem Auto gefunden, mit blutender Pfote. Sie hatten sie mit nach Hause genommen. Sina hatte in ihrer Praxis die Pfote fachkundig gereinigt und dann hatten sie Twink einen Napf mit Nassfutter hingestellt. „Katzen benötigen wesentlich mehr Proteine als andere domestizierte Haussäugetiere", hatte Sina mit ihrer Tiermedizinerinnenstimme gesagt. Esja wusste, dass Sina damit nur kaschieren wollte, wie gerührt sie war.

„Könnten wir sie nicht behalten?", hatte Sina dann – wenig überraschend – zu Esja gesagt und ihr den Kopf von hinten auf ihre Schulter gelegt.

Esja war damals skeptisch gewesen, auch wenn sie Twink ganz nett fand. „Und wenn wir verreisen wollen?"

„Och", sagte Sina vage. „Da findet sich sicher eine Lösung!"

So war es gekommen, dass sie plötzlich eine Katze hatten. Und, wie ein altes Sprichwort angeblich sagt, da, wo eine Katze ist, da ist auch bald eine zweite. Dao war ein Notfallpatient gewesen, der Letzte aus dem Wurf einer Patientenkatze, die einer alten Dame gehörte, die ins Altersheim gehen musste und ihre Katzen nicht mitnehmen durfte.

Esja hatte sich mit der Situation arrangiert und ertappte sich dabei, wie ihre Zuneigung zu den Fellgesichtern – fast gegen ihren eigenen Willen – wuchs. Und dennoch, sie war froh, wenn Sina nächste Woche endlich wieder zurück war und der Alltag sich normalisierte. Für ihren Geschmack forderten die Katzen viel zu viel Aufmerksamkeit – wie verwöhnte Kinder.

Esja war in einer Großfamilie mit drei Brüdern und zwei jüngeren Schwestern aufgewachsen. Zu ihren liebsten Erinnerungen gehörte das Schnarchen der Robben in einer mondbeschienenen Nacht. Gleich hinter dem Garten ihrer Eltern begann der Strand und als Siebzehnjährige war sie oft nachts spazieren gegangen. Das Schnarchen der Robben hatte sich genauso angehört wie das Schnarchen ihrer Eltern.

Robben waren ihr damals lieber als Katzen gewesen, doch das hatte sie Sina nie verständlich machen können. Wenn Esja die Wahl gehabt hätte zwischen einer Robbe und einer Katze als Haustier, hätte sie sich noch vor Kurzem für die Robbe entschieden. Sie bezweifelte, dass man Robben kastrieren lassen musste – im Gegenteil, man wäre ja froh, wenn sich die Meeressäuger endlich wieder anständig fortpflanzten. Aber so war es eben hier in Berlin. Ständig wurde Theater um die hauseigenen Lieblinge gemacht. Esja hatte die Theorie, dass das so war, weil die Großstädter einfach nicht genug Auslauf hatten. Wenn man, wie sie, von einer Insel kam, wo man noch immer die Küstenpfade benutzen konnte, die schon im zwölften Jahrhundert mit den Pferden abgeritten worden waren, hatte man einfach eine veränderte Perspektive.

Nach Deutschland war sie wegen des Waldes gekommen. Auf den Insel Mainland gab es kaum Bäume, nur ein kleines Wäldchen namens Binscarth Wood. Sie schloss die Augen und dachte an die weißen Blumen, die dort Snowdrops hießen. Esja war zum Studium nach Berlin gekommen und dann hier hängengeblieben. Durch einen komischen Zufall war sie ausgerechnet Försterin geworden – und dadurch hatte sie sich beruflich die Rückkehr zu den Orkneys erschwert. Es sei denn, es würde ihr gelingen, die dortigen Behörden zu einem Aufforstungsversuchsprogramm zu bewegen. Aber das war vermutlich ein genauso verrücktes Projekt wie der Muttersägenkurs, allerdings wesentlich unblutiger.

Sie hoffte inständig, dass es ihr bald gelingen würde zu vergessen, was gestern beim Muttersägenkurs geschehen war.

Twink hatte genug vom Putzen und vom Kratzbaum. Sie begann mit dem Abstieg und nahm Kurs auf Esjas Schoß. Während sie sich dort einkuschelte, erinnerte Esja sich an die Geschehnisse von gestern.

Der Morgen war neblig gewesen. Ein sanfter Dezembertag, wo man schon wusste, dass später die Sonne durchbrechen würde. Ein Tag, dessen Lichtverhältnisse sie an den Nebel ihrer Insel erinnerten.

So ein Muttersägenkurs erforderte genau die Art von Morgengrauen-Szenerie, die man aus alten Mantel-und-Degen-Filmen kannte, in denen sich bleiche Kontrahenten Rücken an Rücken aufstellten und die Pistolen aus kostbaren lederbezogenen, mit Samt ausgeschlagenen Schatullen genommen wurden – mit behandschuhten Händen …

Nur dass die Sägen, zum Beispiel die Stihl 028 av super oder die COMER Steinkettensäge, Typ E21, keineswegs aus kostbaren Behältnissen geholt wurden, sondern von den Ladeflächen schmutziger Pritschenwagen gezerrt wurden oder von den Rückbänken hobbymäßig herausgeputzter Geländewagen.

Mütter, dachte Esja und kraulte Twink hinter den schwarzen Ohren, wo sie es am allerliebsten hatte. Mütter, dachte sie wieder – Mütter sollten sowieso nur bei nebliger Witterung zersägt werden.

Die Handys hatten die Männer abstellen müssen. Die Teilnehmer brachten ihre eigenen Sägen mit. Und die eigenen Mütter. Die Mütter blickten skeptisch – gar nicht, wie die glückliche Mutter Mitte siebzig auf der Hochglanzbroschüre. Sie trug sogar ein T-Shirt mit dem Logo einer Internet-Seite namens www.motorsaegenhimmel.com. Esja kannte die Seite natürlich; sie war voller nützlicher Informationen für die – wie sich die User nannten – Sägenfreaks. Die Mütter sahen so aus, als ob ihnen nur unter sehr dubiosen Umständen die Einwilligungsvollmacht abgeluchst worden wäre. Esja hatte sich natürlich rechtlich abgesichert. Hier wurde keine Mutter zersägt ohne schriftliche Erlaubnis.

„Guten Morgen", sagte Esja in den Nebel. Über der Lichtung kreiste der Mäusebussard und gab sein übliches hohes Fiepsen von sich. Vielleicht hatte er ja auch eine Mutter, die er zersägen wollte. Esja schaute nach oben. Nein, der Mäusebussard war allein. Und er hatte auch keine Vollmacht der imaginären Bussardmutter im Schnabel.

„Guten Morgen", antworteten die Teilnehmer – und einige der Mütter. Circa 15 Personen befanden sich auf der Lichtung. Die Söhne – wie zu erwarten war keine einzige Tochter zum Muttersägenkurs erschienen – trugen Schallschutzhelme in fröhlichen Farben. Esja zählte sieben Söhne und acht Frauen über 70, die sie für Mütter hielt. Aber warum hatte der dickliche Teilnehmer aus Schöneberg gleich zwei Frauen mitgebracht?

„Ich bin die Adoptivmutter!", sagte die zierliche Dame und reckte sich neben dem Dickerchen auf die Zehenspitzen.

„Und ich", sagte die andere, ziemlich pummelige Grauhaarige neben ihm, „ich habe ihn 1962 im Martin-Luther-Krankenhaus geboren. Babyklappen gab es damals noch nicht. Leider. Sonst wäre ich jetzt nicht hier. Obwohl wir uns danach 39 Jahre lang nicht mehr wiedergesehen haben."

Esja räusperte sich. So genau wollte sie es eigentlich gar nicht wissen.

„Haben Sie denn an Ihre Schutzkleidung gedacht?"

Die Teilnehmer nickten. Die Mütter sahen zur Seite, denn sie wussten, dass sie keine Schutzkleidung benötigen würden.

„Dann setzen Sie jetzt bitte alle Ihre Helme auf", sagte Esja.

Sie ließ einen prüfenden Blick über die Schnittschutzschuhe und die Schnittschutzhosen der Männer gleiten.

Ehrlich gesagt hatte Esja mit viel mehr Macho-Getue gerechnet, aber erstens wussten die Teilnehmer ja bereits von der Anmeldung, dass eine Frau den Kurs leitete, und vielleicht war ihre Größe und ihr wikingermäßiges Aussehen hier doch wieder ein Vorteil.

Früher hatte Esja Schwierigkeiten bei der Wahl ihrer Partnerinnen gehabt, aber seit sie mit Sina zusammen war, gehörten diese Probleme glücklicherweise der Vergangenheit an. Twink schnurrte jetzt zufrieden eingerollt auf ihrem Schoß und auch Dao schlummerte friedlich. Mit diesen Katzen fühlte sie sich wie ein besserer Mensch, als sie es tatsächlich war.

Vielleicht konnte sie ja ihrer Sehnsucht nach der Motorsäge noch eine andere Richtung geben als ausgerechnet die des Muttersägens? Noch war es nicht zu spät, trotz der zahlreichen Werbeplakate. Es lief ihr kalt den Rücken herunter, als sie jetzt an das dachte, was gestern weiter geschehen war.

„Wir üben erst mal an diesen Baumstämmen", hatte sie die Männer aufgefordert. Wie kühl und seltsam metallisch ihre

Stimme geklungen hatte! Trotz der Jahre in Deutschland hatte sie noch immer einen leichten Orkney-Akzent.

Sie betrachtete die Gruppe und lächelte aufmunternd, während sie auf die Baumstämme deutete, an denen jetzt geübt werden sollte.

Einige der Mütter wirkten erleichtert, die anderen simulierten Teilnahmslosigkeit.

Esja hob die Säge und betätigte den Gaszug. Dieser Handgriff erinnerte sie an das Anwerfen des Außenbordmotors vor vielen Jahren. Damals hatte sie sich gern die amerikanische Serie *Flipper* im Fernsehen angeschaut. Dort kamen weder Katzen noch Mütter vor. Der Delfin hatte sie immer an die heimischen Robben erinnert. Sie vermutete jetzt, dass die fehlende Mutter in *Flipper* einem Muttersägenkurs zum Opfer gefallen war. Die USA waren ja Europa schon immer einige Jahre in der Entwicklung sozialer Phänomene voraus gewesen.

Die Säge – es handelte sich um die angeblich leichteste Säge der Welt, eine japanische Komatsu Zenoah – fraß sich geräuschvoll in den dicken Holzblock. Mit ihren 4,40 Kilogramm Betriebsgewicht gehörte die Komatsu Zenoah zu den wirklich handlichen Sägen. Auch eine Frau hätte damit komfortabel eine Mutter zersägen können.

„Und jetzt Sie bitte", sagte Esja. Sie betrachtete zufrieden die Teilnehmer, die zu üben begannen. Ab und zu trat Esja zu einem der Männer und korrigierte sanft die Armhaltung oder andere kleine Anfängerfehler.

Esja hatte übrigens mit ihrem Muttersägenkurs einen Wettbewerb für eine innovative Geschäftsidee gewonnen. „Das Rentenproblem in Deutschland kreativ lösen" hatte der Untertitel der Ausschreibung gelautet.

Sie hatte auch schon ein Zwillingsprojekt im Kopf: „Vätersägen leichtgemacht!" Nein, niemand konnte Esja vorwerfen, dass sie nicht zukunftsorientiert war.

Twink schaute aus halbgeschlossenen Augen zu ihr hoch und drückte den Kopf gegen die streichelnde Hand. Esja wusste auch ohne Worte, was das heißen sollte: Mach weiter, bitte.

Nun, sie musste sich wohl doch eine Alternative zu ihrem jüngsten Projekt überlegen.

Fragebogen

Christoph Klimke

Was Joi mag	Was Joi nicht mag
Fressen	Dabei gestört werden
Schmusen	Aufhören mit Schmusen
Schlafen	Alpträume
Pinkeln	Wenn andere Hunde darüber pinkeln
Kacken	Durchfall
Gebürstet-Werden	Die falsche Bürste
Rüden und Hündinnen	Aggressive Hunde
Gassi-Gehen	Im Regen

Was Joi mag	Was Joi nicht mag
In die Kneipe gehen	Nicht hinter den Tresen dürfen
Auto fahren	U-Bahn fahren
Freundliche Menschen	Laute Menschen
Feste	Silvester
Wärme	Hitze
Andere Hunde beschnuppern	Bestiegen-Werden
Rituale	Überraschungen
Uns beide	Wenn wir drei nicht zusammen sind

Ausgrabungen

Christoph Klimke

Die letzten Sonnenstrahlen scheinen durch die inzwischen kahl gewordenen Baumkronen vor meinen Kreuzberger Fenstern. An diesem Oktober-Spätnachmittag sitzen Joi und ich auf dem Wohnzimmerboden, der Hund wälzt sich genüsslich mit dem Rücken auf dem Sisalteppich und ich stöbere in der Fotokiste. Das Bonner Redüttchen kommt zum Vorschein, eines unserer Stammlokale. Hier bediente uns eine ältere Kellnerin, die uns Abend für Abend von ihrem inkontinenten „Lümmelchen!" erzählt und dass sein „Krähnchen" nicht mehr funktioniert. Dann eine Aufnahme von Erna in Florenz. Erna hatte den kräftigen Kater Romeo, der mir bei einem Ausflug mit meinem Auto in jeder Serpentine in den Nacken gekotzt hat. Erna liebte unsere Pazza und Happy und mochte Menschen, die keine Tiere mögen, überhaupt nicht. Ich als Kind im Duisburger Zoo. Staunend stehe ich vor dem Löwengehege und trage meine Sonntagsfliege. Mein Vater im Krieg als Offizier zu Pferde. Neben den beiden ein Schäferhund. „Tiere gehören nach draußen", hat er immer behauptet, aber zum Schluss auch unsere Schäferhündin bei sich zu Hause gestreichelt. Thomas Mann erlebte „homerische Durchsonntheit" bei Spaziergängen mit Schäferhund-Mischling Bauschan. Recht hat er allerdings, dass Hunde einem das Nicht-schreiben-Müssen beibringen.

Moni Silbermann, Verwaltungsdirektor der römischen Philharmonie, ist als ganz junger Mensch vor den Nazis nach Argentinien geflohen. Erst nach dem Krieg kehrt er nach Europa zurück und zieht, da er einen italienischen Komponisten liebt, nach Rom. Wie oft war ich bei ihm zu Gast in der prächtigen Wohnung im Palazzo Doria Pamphili in der Nähe der Piazza Grazioli. Während er seine Finken füttert, bewundere ich seine Gemäldesammlung. Besonders ein Bild von der Katzenfreundin, der Malerin Leonor Fini, gefällt mir.

Wir am Strand in der Dingle Bay. Du wirfst kleine Steine in den Atlantik, die schwarz-weißen Hunde springen in die Gischt und tauchen nach ihnen. Abends in Kathleen's Pub, wo jeden Mittwoch die alten Männer aus vollem Herzen ihre Arbeiterlieder singen. Es stinkt nach Klostein, aber der Paddy schmeckt und die fette Katze des Hauses macht sich zwischen unseren Gläsern breit. An einem völlig verregneten Samstagnachmittag sitzen wir im Café am Fenster und löffeln Irish Stew. Die Wirtin zieht immer das Plastikrollo herunter und wir wollen freie Sicht. Da hören wir Schritte auf der Straße und sehen, wie Männer einen Kindersarg durch das Dorf tragen. Alle Hunde folgen still dem Zug.

Volkstheater Wien, September 2005. Ich habe Premiere, mein Stück *Spiegelgrund* wird heute uraufgeführt. Andreas, der die Hauptrolle spielt, geht vor jeder Vorstellung auf den kleinen Hundeauslauf vor dem Theater im siebten Bezirk und begrüßt die alte Dame, die mit ihren drei Hunden jeden Tag hierherkommt. Beim ersten Mal warnt sie uns: „Nicht anfassen. Die

185

Hunde sind aus Rumänien und mögen keine Männer!" Wenig später sitzen die drei fast schon auf Andreas' Schoß.

Marisa, meine sizilianische Freundin, mit der ich in Trastevere eine WG hatte. Ihre Kater haarten schrecklich, was uns aber, wenn wir nachts auf unterschiedlichen Wegen nach Hause fanden und noch Spaghetti kochten, nicht störte. Viel Bier trank Marisa, viel Peroni und erst im römischen Morgengrauen fielen wir in jenen unbeschwerten Zeiten in die Betten. Am Monte Caprino ging ich auf die Pirsch und jagte Männer. Aber natürlich wimmelt es in diesen Parks ebenso von munteren und kranken Katzen.

Der mürrische Alberto Moravia stellt mir seinen edlen Rasserüden vor, als ich einen Film für das ZDF über den italienischen Groß-Schriftsteller machte. Der Hund war mir sofort sympathisch, auch die matronenhafte, polnische Haushälterin, aber Pasolinis Freund Moravia mochte ich nicht.

So viele Fotos: Pazza beim Gähnen, Happy kugelt sich im Schnee, mein erster Freund mit unserem Welpen, den wir wenig später auf einen Bauernhof gegeben haben, da das Tier inkontinent blieb. Meine Katzen auf unserem Hof nahe Florenz. Sie saßen jeden Winterabend neben uns am Kamin auf den schweren Ohrensessellehnen.

Ina Miliani, eine verarmte Adelige nahe einem Städtchen in den Marken, erlaubt mir, sie oft zu besuchen. Ich glaube, sie hatte sich ein wenig in mich verguckt.

Wunderschöne Briefe habe ich von ihr aufbewahrt. Mit ihr lebten unzählige Hunde und Katzen, die alle auf ihren Namen hören. Dann Carla mit Katze Tippy. Carla habe ich während meines Zivildienstes kennengelernt. Sie hat eine spastische Lähmung und lebt in der Nähe von Amsterdam. Einmal kommt sie mich in Kleve besuchen und ich hole sie am Bahnhof ab. Der Schaffner lädt sie in ihrem Rollstuhl aus dem Güterwagen. Das war 1979. Andreas und ich mit Collie-Hündin Daisy, der es hoffentlich gut geht.

Joi sind meine nostalgischen Ausflüge egal. Sie zerlegt gerade in aller Ruhe einen Kauknochen. Draußen ist es inzwischen dunkel. Manchmal sehen unsere Tiere aus wie erfundene Wesen. Aber sie sind so wenig erfunden wie unsere Liebe. Ich hatte vor Jahren eine Maus in der Wohnung. Happy flippte fast aus, wenn sie sie roch. Ich dichtete alle Bodenlöcher ab und hatte trotzdem ein seltsames Gefühl, als das Tier sich nicht mehr rührte. Der singende Ortolan soll Beethoven inspiriert haben und Kraniche beneide ich um ihre Fähigkeit, sich im Voraus zu erinnern. So wissen die Jungvögel bei ihrem ersten Flug genau, wo sie landen werden.

Ich vor der Kathedrale von Saragossa am Abend. Das „Krikri" der Mauersegler gellt durch die Gassen. Sie fliegen mit 40 Stundenkilometern in Höhen zwischen 900 und 3000 Metern: Doch sie können auch auf bis zu 112 Stundenkilometer beschleunigen und angeblich im Schlaf fliegen. Mein Freund und ich, wir kommen uns oft vor wie Agaporniden, die Unzertrennlichen. Doch sind wir lediglich Hundebesitzer. Oder besitzen die Hunde uns?

Ein Foto von Hermann Weber in seinem Atelier. Eigentlich suchte der Künstler einen Mann fürs Leben und fand Arnold, seinen kleinen, inzwischen alt gewordenen und staksig laufenden Hund, um den er sich große Sorgen macht.

Trophäensammler zahlen hohe Preise für die letzten Exemplare aussterbender Papageienarten. Ich weiß von einer Geschichte, da ein Papagei in der Voliere allein leben muss und alle Welt für ihn das letzte Weibchen in den Urwäldern sucht und findet. Forscher bringen das Fundtier in den Zoo. Die beiden leben nur wenige Tage zusammen. Das Weibchen stirbt über Nacht und die Tierpfleger finden den verstörten Vogel, der offensichtlich stundenlang um den toten Partner gelaufen ist. Im Kreis finden sich seinen tiefen Fußspuren im Sand.

Unsere Hunde haben uns aber auch immer verraten. Kamen meine Eltern zu Besuch und wir gingen mit ihnen durch unsere Straßen, blieb der Hund vor jeder Kneipe und Bar stehen, in der wir eingekehrt sind. Das sind natürlich oft die übelsten Spelunken. Jetzt setzt Joi sich vor mich hin und redet mit mir. Ihre komischen Laute sollen mir zu verstehen geben, ich will jetzt raus, Gassi gehen und unter Menschen. Ja, ein Vino wäre nicht schlecht. Andreas ist auf Gastspiel und wird mich nach der Vorstellung anrufen. Hund und ich schlafen allein im Bett und träumen ihn uns her.

Ich stelle die Fotokiste zurück an ihren Platz. Viele dieser Wesen leben nicht mehr. Im Winter werde ich neue Fotos von Joi machen. Dann buddelt sie im Görlitzer Park im Schnee nach den Resten des Sommers. Zielgenau wie die Jungkraniche ihren Platz finden, an dem sie noch nie waren, findet dieser Hund jeden vergammelten Knochen vom Grillfest auch unter dem Eis. Diese Archäologin ist besonders bei der Schneeschmelze erfolgreich und wir müssen wieder zum Tierarzt, da Joi Durchfall von diesem Mist bekommt. Aber so hat sie wohl in Malaga als Straßenhund überlebt. Mit ihrem archäologischen Talent und diesem unwiderstehlichen Blick. Nachsichtig sind wir mit ihren wie den unseren Lastern. Für zu viel Konsequenz ist das Leben zu kurz.

Der Neujahrskater

Christoph Klimke

An einem Sommermorgen laufe ich mit nackten Füßen durch unseren Garten. Dicke Hummeln tummeln sich um die leuchtenden Beete. Der Oleander, den Mutter aus Italien mitgebracht hat, blüht und Vater kämpft mit Hacke und Schaufel bewaffnet gegen das Unkraut. Meine Brüder prügeln sich und meine Schwester sitzt auf der Schaukel.

Merkwürdig, denke ich, während ich mit bloßen Händen im Sandkasten grabe, Mutter ist doch vor acht Jahren und Vater vorletztes Weihnachten gestorben. Ich blicke auf und alle sind weg. Nur ein dicker, schwarzer Kater streicht durchs Gras und spielt mit der toten Taube, die er zuvor erlegt haben muss. Mal ragt sein Schweif hoch in die heiße Luft, mal macht er schlängelnd Kunstfiguren. Der Kater scheint zu satt zu sein, um das Opfer zu verspeisen. Auch den Nachbarteich mit den üppigen Goldfischen verschont er. Nun hat er aber den Jungen in kurzen Lederhosen entdeckt und kommt geradewegs auf mich zu. „Irgendwoher kenne ich dich, mein Schöner", flüstere ich ihm in seine aufmerksamen Ohren. Er reibt sein weiches Fell an meinen Beinen und ich streichle ihn vorsichtig. Ich habe ihn schon einmal gesehen. Nur wo?

Feiner Teeduft dringt in meinen Kopf ein und mein Freund weckt mich auf.

„Aua! Nie wieder Alkohol!", verspreche ich wie jedes Jahr vergeblich.

„Trink deinen Tee, dann machen wir mit Joi einen Neujahrsspaziergang."

Nun gut. Aufstehen und raus in den Schnee. Die Kreuzberger Straßen sind übersät mit dem Silvestermüll. Leere Flaschen, verkohlte Böller und Raketen und wankende Halbleichen begrüßen uns. Da ist mein Brummschädel noch harmlos. In der Nacht zuvor haben wir uns gefeiert und unseren Hund, der nun ein Jahr bei uns ist, oder besser gesagt, wir bei ihm.

Und wir haben uns „verpartnert", wie das im hässlichen Amtsdeutsch heißt. Im Standesamt Friedrichshain-Kreuzberg war an jenem Novembermittag ein Pärchen mit zwei Kindern vor uns an der Reihe. Die stolze Mutter kam als Erstes aus der Amtstube, da fragt der ältere der beiden Buben: „Wann ist denn jetzt die Hochzeit?" Offensichtlich war er durchs Fernsehen eher prächtige Trauungen gewohnt. Dagegen kam der AOK-Charme dieses Gebäudes wahrlich nicht an. Unsere Trauung dauerte nur fünf Minuten. Ganz allein sind wir hier vorstellig geworden und haben auch niemanden in unser Vorhaben eingeweiht. Eine gut gelaunte Standesbeamtin vollzog diesen Akt mit Würde und erzählte uns beim schnellen Abschied, dass sie geschieden sei, aber immer noch auf einen Traum-Prinzen warte. Wir machten ihr Mut.

Als wir wieder den Flur betraten, wartete eine türkische Großfamilie auf ihr Fest und sah uns Männern etwas verwirrt hinterher.

Auch das galt es gestern zu feiern und zudem hatten wir auf viele Freunde anzustoßen. Joi interessiert das wenig. Sie hat am Landwehrkanal mitten im tiefen Schnee eine Katze, nein, einen Kater entdeckt, der sich von dem Hund nicht beirren lässt und offensichtlich eine leckere Spur verfolgt. Joi springt auf ihn zu und die beiden spielen tatsächlich miteinander.

„Den Kater habe ich heute Nacht schon einmal gesehen", weihe ich meinen Verpartnerten ein.

„Nach dem siebten oder achten Obstler?", kommentiert der mitleidig.

„Nein, wirklich, ich war zu Hause bei meinen Eltern in Kleve in unserem Garten. Es war Sommer und ich …"

„Du hast Recht", pflichtet Andreas mir bei. „Der Kater sieht aus wie der von Leonor Fini. Du weißt doch, das Porträt mit Kater, das bei unserem römischen Freund über dem Flügel hängt."

Und tatsächlich scheint dieses Tier aus dem Bild bis nach Berlin geflogen zu sein, um mit uns das Neue Jahr willkommen zu heißen. Geheimnisvoll, unzugänglich, verspielt, freisinnig, passioniert und verwegen wie die Malerin und Schriftstellerin, befreundet mit Max Ernst, Klaus Mann, Jean Cocteau und Jean Genet, verschwindet der schwarze Kater so jäh, wie er uns erschienen ist. Vielleicht läuft er schnurstracks zurück nach Rom in das Bild von Leonor Fini, die schöne Frauen und elegante Knaben gemalt hat, allesamt Traumträger aus einer stolzen Vergangenheit, und vielleicht tragen Katzen unsere Träume in die Welt, die von ihr geliebt, ignoriert oder getötet werden.

Ein Kracher geht vor uns in die Luft. Zwei Kinder lachen uns aus und Joi will die Schwäne auf dem Eis jagen. Alles wie immer also. Alles gut so.

Der Brief von Muffin

Sarah Mondegrin

Neulich war ich krank. Nichts Ernstes, nur Halsschmerzen, eine kleine Erkältung – gerade schlimm genug, um für anderthalb Tage zu Hause zu bleiben. Vielleicht hatte ich sogar Fieber.

Es war ein ziemlich blöder Gedanke, gegen den ich mich nicht wehren konnte. Alles in mir sträubte sich gegen eine so frevelhafte Idee, aber ich wurde sie nicht los: Ich hatte mir diese kleine Erkältung eingefangen, um mich von unserer Hochzeit zu erholen. 170 Personen, viele aus dem Ausland. Renas Freunde lebten weitverstreut von Singapur bis Stockholm, und sie hatte fünf Schwestern, die alle – ausnahmslos alle – mehrere Kleinkinder hatten. Die Feierlichkeiten hatten sich über ein verlängertes Wochenende gezogen – plus touristischem Berlin-Programm. Und danach hatten leider die Flitterwochen ausfallen müssen, denn im Büro bei mir war die Hölle los.

Seit Krüger im Urlaub ist, spielt Elisabeth, unsere Sekretärin, verrückt. Ich vermutete, dass sie mir die Hochzeit übelnahm. Sie behauptet zwar, sie habe nichts gegen „Homosexuelle", aber wie sie diese zwölf Buchstaben betont, das spricht Bände.

„Halsschmerzen und Grippe, leider", hatte ich – begleitet von rauem Räuspern und so nasal wie möglich – zu Elisabeth am Telefon gesagt. Sie wünschte mir gute Besserung, klang aber biestig. Vermutlich hatte sie gerade eine neue Packung Heucheltabletten geöffnet. Als ich Elisabeths Heucheltabletten zum ersten Mal erwähnte, legte Rena ihr Gesicht in verständnislose Falten. „Erklärung, bitte!"

Ich zog die Schultern hoch. „Elisabeth hat ganze Türme davon in ihrer nach Eukalyptus riechenden Schublade", sagte ich. „Ja, aber Engel", antwortete Rena, „Was soll das denn sein? Heucheltabletten?" Ich seufzte. „Rena, das hab ich mir so ausgedacht. Ich stelle mir vor, Elisabeth nimmt so eine Tablette, um besser Gefühle vorzugeben, die sie gar nicht empfindet, verstehst du?"

Rena hatte mich nachsichtig angeschaut. Unser gemeinsamer Sinn für Humor war es nicht unbedingt, der uns zusammengebracht hatte. Natürlich hatte sie Humor, aber manchmal eben einen anderen als ich.

Die neue Wohnung, die ich sonst nur am Wochenende zu dieser Tageszeit kannte, kam mir seltsam vor. Es war so still. Ich hatte das sonderbare Gefühl, mich in einer Filmkulisse zu verlieren. Hier spielte sich also das Leben von Rena und mir ab? Hier würde Episode nach Episode passieren, täglich 24 Stunden lang? Ein Dauer-Doku-Projekt – fünf Jahre, zehn Jahre – oder sogar dreißig?

Siebzig Quadratmeter, Südbalkon, das Herz unserer Wohnung war die offene Küche mit ihren fröhlichen rosenroten Möbeln. Ich liebte es, wie sich die Schubladen auf- und zurollen ließen. Das sanfte Gleiten hatte mich von Anfang an – genau genommen seit Anfang Mai – getröstet. Aber wofür brauchte ich Trost? Ich war eine glücklich verheiratete Frau! Was wollte ich denn noch mehr?

Als ich es im Bett nicht mehr aushielt, machte ich mir einen Tee und wanderte mit der Tasse in der Hand in der Küche umher. Ich öffnete die Geschirrschublade und warf einen Blick auf unsere weißen Teller. Wir hatten sie zur Hochzeit bekommen, sie waren brandneu. Bis zu diesem Zeitpunkt meines Lebens hatte ich nie neues Geschirr besessen. Ich lebte wie eine Studentin, obwohl ich schon 38 Jahre alt war.

Nachdem ich die Schublade wie ein müßiges Kind mindestens dreimal auf- und zugemacht hatte, fiel mir ein PC-Ausdruck neben dem Ceranfeld des Herdes auf. Gestern Abend hatte der noch nicht dagelegen. Rena ist ziemlich ordentlich. Sie hat sich in ihrer Schreibtischschublade sogar Styroporausbuchtungen anfertigen lassen, um Locher und Heftmaschine einen Stammplatz zu geben. Manchmal hatte ich das Gefühl, für mich gab es in ihrem Leben auch so eine Styroporausbuchtung, damit ich richtig schön in alles hineinpasste.

Ich wunderte mich über das Blatt Papier. Hatte sie es absichtlich dort hingelegt? Rena überließ nichts gern dem Zufall. Wir hatten uns über eine Partneragentur kennengelernt, die mit einem möglichst großen Maß an Übereinstimmung zwischen den Beteiligten warb. Mir war das verdächtig gewesen, aber mein Freund Georg hatte mich dazu gedrängt, ein Profil anzulegen. Das war jetzt drei Monate her. Danach war alles sehr schnell gegangen. Rena hatte wohl schon den entsprechenden Webspace für mich in ihrem Leben freigeschaltet. Nein, Zufälle gab es bei ihr nicht. Als ich den PC-Auszug überflog, bestätigte sich dieser Verdacht.

„Hallo,

mein Name ist Muffin.

Ich bin ein schwarz-weißer Kater, bin 6 Jahre alt, kastriert und ich liebe es zu kuscheln. Manche nennen mich einen supersüßen Schmuser. Leider verstehe ich mich nicht mehr mit meiner Mitbewohnerin.

Sie heißt Tessa, hat rotes Fell und ich finde sie doof. Ich suche ein neues liebevolles Zuhause. Ein Garten wäre super, da ich ab und zu auch schon mal nach draußen gehe, ist aber kein Muss, ein Balkon würde auch reichen oder eine Wohnung mit Hof. Ich liebe es, stundenlang zu kuscheln, ich fresse allerdings nur Trockenfutter von „Purina One". Das gibt es in jedem Drogeriemarkt und auch in Zoohandlungen. Bei Katzenstreu bin ich auch etwas eigen, ich benutze nur Catsan Smartpacks oder Bio Cats. Ansonsten bin ich ein ganz Ruhiger, ich liebe es zu kuscheln, schmusen und gebürstet zu werden, ich liebe es zu spielen, schlafe gerne mit im Bett. Wenn ich ein Bettchen oder ein Körbchen habe, schlafe ich auch dort."

Unwillkürlich schüttelte ich den Kopf. Muffin schaute aus dem Papier heraus, Rena hatte weder Kosten noch Mühe gescheut, sein Bild in Farbe auszudrucken – sonst ist sie immer sehr zurückhaltend, was solche Ausdrucke betrifft.

„Ich liebe es, stundenlang zu kuscheln" – stirnrunzelnd betrachtete ich die Bekenntnisse des etwas sorgenvoll blickenden Katers, die fast schon an Beteuerungen grenzten. Vermutlich hatte man ihn zu diesen Aussagen gezwungen und da ich mir Katzen immer als höfliche, diskrete Tiere vorgestellt hatte, glaubte ich, besonders der Katzenstreu-Satz war sicher nicht ganz freiwillig ins Verkaufsporträt geraten. Also ich hätte mich nicht gern dazu geäußert, welches Toilettenpapier ich am liebsten benutze, auch wenn ich dazu einiges bemerken könnte.

Meine Frau schien Gefallen an Muffin gefunden zu haben, sonst hätte sie den Brief hier nicht so für mich drapiert. Oder war es ein versteckter Hinweis, dass in unserer Beziehung nicht genug gekuschelt wurde? Brauchte sie einen schwarz-weiß gefleckten, ziemlich stämmigen Kater aus Berlin-Pankow, der nach eigenen Angaben zu verschenken war, um mir das anzudeuten?

Muffins Besitzerin – warum glaubte ich eigentlich, dass es sich um eine Frau handelte? – hatte außerdem noch „Jungshosen in den Größen 62/68" zu verkaufen. Das entnahm ich einer weiteren Anzeige. Sie kosteten ab einen Euro, was sie damit deutlich von dem offenbar kostenlosen Kater unterschied. Hoffentlich würde es Muffin gelingen, das Haus zu verlassen, wo ihm eine solch herabwürdigende Behandlung zuteil wurde. Aber – und mein Herz setzte aus – glaubte Rena allen Ernstes, Muffin wäre der Richtige für unsere Wohnung? Wollte sie deshalb so einen großen Balkon? Glaubte sie, ich wäre bereit für eines dieser hässlichen Katzennetze, mit denen der Balkon gesichert werden musste, um den supersüßen Schmuser davon abzuhalten, auf die Straße zu plumpsen?

Muffin war nicht der Einzige, der sich per E-Mail an mich wandte. Mit spitzen Fingern zog ich ein weiteres Schreiben hervor, von einer gewissen Amy:

Hallo, Ich bin die Amy! Mein Frauchen muss mich leider weggeben da ich unbedingt nach draußen will und sie in der Stadt wohnt :-(Deshalb soll ich auch nur dort hin kommen wo ich die Möglichkeit zum Freigang habe und nicht unbedingt große Hauptstraßen in der Nähe sind:-) Gerne reicht auch ein Hof von dem ich runterkomme ;-) Ich bin natürlich gesund, entwurmt, kastriert, 2 Jahre und eine ganz liebe. Manschmal etwas eigensinnig aber deshalb bin ich ja auch eine Katze ;-) Ansonsten bin ich kinderlieb und auch vor Hunden habe ich soweit keine Angst :-) Und etwas Zubehör bringe ich auch noch mit :-) Wenn Ihr Interesse habt und mehr wissen wollt dann meldet euch doch einfach mal bei meinem Frauchen per E-mail oder Telefon."

Nun, Amys Orthografie war noch einen Hauch eigenwilliger als die von Muffin und mit ihr verband mich die Gemeinsamkeit, dass wir beide vor Hunden keine Angst haben. Eine Wurmkur war mir in meinem Leben glücklicherweise bisher erspart geblieben. Gab es ein verstecktes Signal in der Aussage, dass Amy sich als „kinderlieb" bezeichnete? Wollte Rena damit andeuten, dass die Katzen nur der Anfang einer Entwicklung waren, die bald in Kinderbettchen und schlaflose Nächte münden würde? Nein, so weit war ich noch nicht. Und auch ich konnte eigensinnig sein, dafür brauchte man keine Katze zu sein und sich die Möglichkeit zum Freigang zu wünschen. Ich kehrte ins Bett zurück, denn meine Halsschmerzen waren beim Anblick von Amy schlimmer geworden.

Wenn es stimmte, dass Muffin gehen musste, weil er sich mit seiner Kollegin nicht mehr verstand, machte es keinen Sinn, dass Rena ausgerechnet ihn und Amy aus dem Netz herausgefischt hatte. Sie würden hier bei uns nicht glücklich werden – und wir auch nicht mit ihnen. Ich schluckte ein paar Erkältungstropfen und fiel dann in einen unruhigen Schlaf.

Der Schlüssel in der Wohnungstür weckte mich. „Hallo!", rief Rena heiser. „Mich hat es auch erwischt. Ich glaube, du hast mich angesteckt. Geht es dir besser?" Sie steckte den Kopf zum Schlafzimmer herein, noch im Mantel. „Soll ich uns Hühnersuppe kochen?"

„Ja, tolle Idee … und nein, mir geht es nicht besser. Soll ich dir helfen?"

„Nicht nötig, ich ruf dich gleich, ja? Willst du zum Essen aufstehen?"

„Klar." Ich ließ mich wieder in die Kissen zurücksinken. Sofort schossen mir Muffin und Amy durch den Kopf.

„Sag mal", rief ich Richtung Küche. „Was hat es eigentlich mit dem supersüßen Schmuser auf sich?"

„Wie bitte?" Rena steckte wieder den Kopf zum Schlafzimmer herein. Ihre Wangen waren sehr rot, ich glaube, sie hatte Fieber.

„Hast du schon Fieber gemessen?", fragte ich.

„Nein. Du?"

„Ich weiß nicht, wo das Thermometer sich versteckt. Ist ziemlich lange her, dass hier jemand krank war, was?"

Eigentlich war bei uns ja nichts lange her, denn wir kannten uns ja erst seit zwölf Wochen, aber solche linguistischen Feinheiten wollte ich jetzt außen vor lassen.

Rena nickte. „Aber was hast du eigentlich gerade gesagt?"

„Na, Muffin und Amy? Schon vergessen?"

Sie lächelte zerstreut. „Ach so, die beiden Katzen bei ebay … Das hab ich für eine Klientin recherchiert. Ihre Therapeutin sagt, sie solle sich Haustiere anschaffen. Ich hab die Ausdrucke heute Morgen vergessen, da war ich wohl schon ziemlich durch den Wind. Eine Einzelfallhelferin mit Erkältung ist nicht besonders effektiv. Kommst du?"

Ich rappelte mich mühsam auf und deckte den Tisch in unserer Frühstücksecke. Eigentlich nehmen wir alle Mahlzeiten da ein, aber irgendwie hat sich der Name Frühstücksecke in unserem Sprachgebrauch festgesetzt. Oder war es nicht eher Rena, die so sehr darauf bestand, alles mit Namen und Bezeichnungen zu dekorieren, die auf Kontinuität und Unabänderlichkeit abzielten?

Während ich das Besteck neben die tiefen Teller legte, merkte ich, wie eine seltsame Form der Enttäuschung in mir hochzusteigen begann. Etwas in mir hatte sich schon an die Vorstellung gewöhnt, dass Muffin oder Amy oder beide hier einziehen.

„Möchtest du Nachtisch? Vielleicht einen kühlen Joghurt? Nach dem Essen muss ich mich sofort hinlegen. Später nehme ich noch ein Erkältungsbad. Hörst du mir überhaupt zu?"

„Natürlich. Die Suppe riecht wunderbar."

„Ja, gut, dass ich noch etwas eingefroren hatte. Niemand kann so gut Hühnersuppe kochen wie mein Vater, nicht? Engel, du siehst irgendwie seltsam aus. Hast du was?"

Ich schluckte einen Löffel Hühnersuppe herunter.

„Ich weiß nicht", sagte ich vage.

Aber mit „Ich weiß nicht" bin ich bei Rena noch nie weit gekommen, so war es schon immer. Sie ist die Entschiedenere in

unserer Beziehung, sie weiß meistens, wo es langgeht, und – ehrlich gesagt – in den meisten Fällen habe ich nichts dagegen.

Warum hat sich jetzt so hartnäckig die Vorstellung in mir festgesetzt, dass ein schlafwarmer Kater schnurrend auf dem Bett
liegen könnte? Warum fehlte es mir, dass er nicht dort lag?

„Ich meine bloß … diese Katzen … vor allem dieser Kater …
Irgendwie hat mich das neugierig gemacht, dich nicht?"

Rena schaute ertappt, aber irgendwie auch erleichtert.

„Heißt das, du würdest sie dir gern mal anschauen? Muffin
oder Amy?"

„Lieber Muffin … Wir müssten anrufen und nachfragen, ob
er noch zu haben ist. Da ist ja auch das Problem mit der zweiten
Katze, dieser Tessa." Ich konnte gar nicht glauben, dass Rena so
leicht zu überzeugen war.

Und richtig. Sie warf mir einen ihrer vernünftigen Blicke zu.
„Wir müssen erst mal gucken, ob wir Fieber haben. Wenn wir
Fieber haben, können wir nicht nach Pankow fahren."

Ich widersprach. „Anrufen könnten wir aber schon."

Sie zögerte und schob ihren geleerten Suppenteller von sich.

„Du hast Recht. Soll ich anrufen – oder du?"

„Du … Meine Stimme ist schon zu heiser."

„Wo ist das Telefon?"

Ich sprang auf und holte es ihr, zusammen mit dem Com-
puterauszug. Muffin schaute noch immer sorgenvoll aus dem
Papier heraus.

„Er ist schon sechs Jahre alt." Plötzlich erschien mir das beden-
kenswert. „Amy ist erst zwei."

„Na und? Als Anfängerkatze ist eine ältere Katze bestimmt besser geeignet."

„Anfängerkatze?"

„Ach, Engel … Wenn man – so wie wir – zum ersten Mal eine
Katze hat …"

Ich löffelte meinen kühlen Joghurt. Manchmal ging mir unsere Rollenverteilung doch etwas auf die Nerven. Warum war immer sie es, die mir die Welt erklärte? Und – wenn ich ganz ehrlich war – ich mochte es nicht, dass sie mich Engel nannte. Dieser Kosename überforderte mich. Und ich mochte keine Engel. Nicht die pummeligen, halbnackten Kinderengel und auch nicht die Grinsebacken aus Ton, die eine Schürze mit dem Aufdruck „Schutzengel" umgebunden hatten und überall in unserer Wohnung aufzutauchen begannen. Ich musste das mal dringend mit Rena besprechen. Aber ich fürchtete mich davor. Die Konturen der Ausbuchtung, die sie für mich in ihrem Leben ausgewählt hatte, waren offenbar mit Engelsflügeln. Was konnte ich da machen?

Einen Tag später kletterten wir die staubigen Treppen eines Altbaus in Pankow hinauf. Es roch nach fremdem Putzmittel. „Nur noch eine Etage!", rief uns eine muntere Frau entgegen. „Der Muffin freut sich schon auf euch! Und die Tessa, die werdet ihr gar nicht zu Gesicht bekommen, die versteckt sich immer, wenn Besuch kommt!"

„Hallo! Wir sind die Interessentinnen aus Friedenau, Dagmar und Rena!"

„Kommt rein, kommt rein – sonst läuft der Muffin ins Treppenhaus, der ist arg neugierig, der Muffin. Ja, das bist du, nicht?"

Die Frau im blaugepunkteten Morgenmantel hockte sich auf den Boden, um Muffin aufzuklauben. Irritierenderweise schien sie unter dem Morgenmantel nackt zu sein. Das heißt, ihre Füße waren nackt. Schlanke, außerordentlich hübsche, kleine Füße und – ich konnte mich nicht dagegen wehren – irgendetwas in mir hatte sofort von der Schönheit ihrer Füße auf den Rest ihres Körpers geschlossen. Da mein Coming-out außerordentlich spät stattgefunden hatte, genau genommen war meine jetzige Frau mein Coming-out gewesen, hatte sich in mir eine hartnäckige

Restneugier auf Sex mit anderen Frauen gehalten. Daraus würde nun natürlich nichts mehr werden, denn in meinem Partnerprofil bei der Agentur, die so sehr auf Parallelität abzielte, hatte Treue ganz oben gestanden. Rena schaute mit einem etwas eingefrorenen Lächeln an die Decke des kleinen Flurs – möglichst weit weg von den wunderschönen Füßen der Frau, die unter ihrem Bademantel nichts trug, und aus der Art, wie Rena sich zu distanzieren versuchte, erkannte ich – mit einem gehörigen Schrecken –, dass sie die momentane Besitzerin von Muffin genauso attraktiv fand wie ich, mindestens.

„Ich bin die Yvonne." Sie richtete sich auf. Ihre Haare waren dunkel und lockig, eine schwere Wolke. Sie sah wie eine molligere Version von Maria Schrader in *Aimee und Jaguar* aus, allerdings waren ihre Stimme und ihre Art zu sprechen weit weniger kultiviert. Eine seltsame Mischung aus verwaschenem Schwäbisch und einem Berliner Tonfall, der sich wie eine dünne Schicht über ihre eigentliche Sprachmelodie gelegt hatte.

„Wollt ihr was trinken? Einen kleinen Cognac vielleicht?"

„Äh, nein … danke, wir müssen ja noch fahren."

„Stimmt ja, stimmt. Ein Wässerchen? Gesprudelt oder Natur?"

Yvonne dirigierte uns in ihre vollgestopfte Küche und deutete auf eine mit Staub überzogene Sprudelmaschine. Muffin hielt sie dabei noch immer an sich gepresst. Der Kater schaute uns unverwandt an, seine rosa Nase war außerordentlich gut durchblutet und leuchtete fast rot aus seinem weiß-schwarzen Gesicht.

„Ach, ich werde den so vermissen. Der kommt morgens immer in mein Bett und schnurrt …"

Sie beugte sich vor, um erst Rena und dann mir ein Glas Wasser zu überreichen, wobei sie – warum konnte ich mich des Eindrucks nicht erwehren, dass sie es mit Absicht tat? – Einblicke in ihren blaugepunkteten Morgenmantel gewährte.

„Sonst kommt leider niemand mehr dorthin", setzte sie mit einem Seufzer hinzu. „Meine Freundin ist ins Ausland gegangen, na ja, eigentlich nicht nur das. Verlassen hat sie mich und ihre Katze Tessa auch! Jetzt muss ich mich zwischen der Tessa und dem Muffin entscheiden, aber die Tessa, die muss ja auch den Abschied von ihrem Frauchen verkraften, da dachte ich, der Muffin, der ist einfach stabiler, der kommt woanders bestimmt besser zurecht. Was meint ihr?"

Rena – das sah ich – hatte sich inzwischen gefasst und ihr Einzelhelferinnen-Profi-Gesicht aufgesetzt. „Muffin würde sich bei uns sicher wohlfühlen, was meinst du, Dagmar?" Ich war froh, dass sie darauf verzichtete, mich Engel zu nennen.

„Doch, ich denke schon …" Ich hörte selbst, wie halbherzig es klang. Irgendwie überforderte mich die ganze Situation. Ich war immer noch krank und eigentlich wäre ich lieber zu Hause in der Küche gewesen und hätte die rosenroten, sanft gleitenden Schubladen der neuen Anrichte auf- und zugemacht.

„Ihr könnt es euch ja ganz in Ruhe überlegen. Nur nichts überstürzen!", sagte Muffins Besitzerin. In ihrer Küche roch es gut, nach Küchenkräutern und nach Weihrauch.

„Ich arbeite als Wahrsagerin", sagte sie. „Soll ich euch vielleicht eure Zukunft vorhersagen? Jetzt mal völlig unabhängig vom Muffin?"

Sie hob den Kater hoch und setzte ihn mir mit einem aufmunternden Blick auf den Schoß. „Da, Muffin-Schätzelein, mach du mal Probeliegen, bei der lieben Tante!"

Muffin beschnupperte meine Hände und leckte mir einmal mit einer erstaunlich rauen Zunge übers Handgelenk. „Oh, der mag dich!", rief die Wahrsagerin begeistert. „Was ist, wollt ihr eure Zukunft hören? Ich lese aus der Hand! Oder auch aus dem Kaffeesatz."

„Das ist lieb", versuchte Rena sich herauszuwinden. Sie starrte auf Yvonnes Füße und ich musste lächeln. Rena hat sich wegen meiner Füße in mich verliebt und ich weiß, dass nichts sie so aus der Fassung bringen kann wie attraktive Frauenfüße. Sie ist keine

Fußfetischistin oder so – sie liebt es einfach, die weiche Haut von Füßen zu berühren, und ihre Fußsohlen gehören eindeutig zu ihren erotisch sensibelsten Zonen.

Plötzlich packte mich ein seltsames Gefühl. Vielleicht wollte ich einfach aus der Einbuchtung mit den Engelsflügeln heraus, in die Rena mich so sorgfältig und behutsam hineingelegt hatte. Ich streichelte Muffins gut durchblutete Ohren und spürte sein Vibrieren auf meinem Schoß.

„Och", sagte ich, „ich würde gern meine Zukunft erfahren."

Rena schaute mich böse an. „Aber deine Zukunft ist auch meine … und ich will sie nicht wissen!"

„Tja", sagte Yvonne fast zärtlich. „Das ist doch ganz einfach." Sie hob ihren rechten Fuß und legte ihn sanft auf ihr linkes Knie. Dann betrachtete sie mich zufrieden. „Du schaust morgen oder übermorgen vorbei … ich habe zufälligerweise noch Termine frei … und bis dahin überlegt ihr euch, ob ihr den Muffin haben wollt."

Ich nickte. „Ja, einverstanden."

Rena sagte nichts mehr. Wir verabschiedeten uns hastig, besonders Rena konnte gar nicht schnell genug aus der Wohnung herauskommen.

Yvonne stand mit Muffin in der Tür und hob sein Pfötchen, als ob er winken würde. „Tschü-ü-s!", rief sie in einem freundlichen Singsang. Irrte ich mich, oder hatte sie mir etwa zugezwinkert?

Noch nie während unserer gesamten jungen Ehe hatte in unserem Auto – genau genommen war es Renas Auto, aber das nur nebenbei – ein solch eisiges Schweigen geherrscht. Doch da mussten wir jetzt durch. Und wie hieß es so schön? Morgen war auch noch ein Tag.

Ein Faultier
in Steglitz

Christoph Klimke

Das Jahr geht zu Ende. Eiskalt ist es draußen. Joi, Andreas und mir fliegt der Schnee ins Gesicht. Vermummt stapfen wir durch den Park und haben kaum Zeit, unsere Freunde zu begrüßen. Der Hund liebt Schnee und läuft freudig voran. Uns kommt eine junge Frau mit einem Pitbull, gekleidet mit Mantel und Schuhen, entgegen. Dem kräftigen Köter ist das offensichtlich peinlich. Joi beschnuppert irritiert das Fell aus Stoff. Dann wie immer ins „Egbert II" zu Cappuccino, grünem Tee und Aufwärmen. Die Hündin wird hier enteist und legt sich zufrieden zu uns.

Die Wissenschafts- und Klatschseiten der Tagespresse sind voller neuer Nachrichten: In den USA werden Ibisse durch Umweltgift schwul, beim Grillkuckuck ist Brutpflege Männersache, der Geburtshelferkröterich entlastet die Mutter und trägt die

Eier auf seinem Rücken mit sich. Eine Lemurenart aus Madagaskar ist nur einmal im Jahr bereit für Sex, hat ihn dann aber mit bis zu sieben Männchen. Gescheckte Wildhunde genießen Gazellenfleisch, gehören zu den seltensten Raubtieren Afrikas und haben Segelohren. Inzwischen erfindet man immer neue Mischungen aus Wolf und Hund und züchtet so eine sehr seltsame Mode. Zieht der Hund den Menschen doch als Futtergeber, während der Wolf Menschenfleisch durchaus schätzt. Artenrettung auf Katzenart: Der Serval überblickt dank langer Beine das hohe Gras in den Savannen. Der Puma kann nicht brüllen. Die Kleinfleckkatze wurde wegen ihres besonderen gelbbraunen Fells gejagt und wird endlich unter Schutz gestellt. Der Ozelot, der Gepard, der Jaguar und Tiger, Löwe, Karakal und Rotluchs wurden und werden geschlachtet, aber auch mehr und mehr von den Einheimischen ihrer Länder geschätzt. So müssen Schutz der Umwelt für Tiere und Menschen und auch die Soziologie, also der Broterwerb, als Zusammenhang begriffen werden. Die Fischkatze tut es den Menschen gleich. Sie fischt an südasiatischen Flüssen und Seen, solange der Fischbestand reicht.

Bionik nutzt die Ideen der Natur und entwickelt neue Produkte. Ein Ingenieur des Fraunhofer Instituts wurde von einem Meerschweinchen gebissen und wunderte sich über den Schliff der Zähne des Nagers. Inzwischen versucht er sich an ähnlich scharfen Industriemessern. Der australische Fetzenfisch kann sich meisterlich tarnen, die Weißband-Putzgarnele sich perfekt pflegen und der Clown-Fangschreckenkrebs boxen.

Und was können wir? Man stelle sich vor, der nächste Börsencrash lässt alles Geld nichts mehr wert sein. Ein Gedicht für ein Brot? Ein Wollschal für einen Handwerkerdienst? Ein Kilo Kartoffeln für eine Massage? Ich würde gewiss verhungern, während Joi sich ihrer Fähigkeiten als Straßenhund erinnerte.

Manche Freunde erinnern an Tiere. Gestern haben wir Freund Mario Wirz in Steglitz besucht. Er hat eben seinen neuen Lyrikband *Vorübergehend unsterblich* veröffentlicht und erfreut sich an der großen Resonanz. Mutig kämpft er gegen Krankheiten und wir trinken auf unser nächstes Buch-Projekt, das wir hiermit androhen. Joi und Andreas nehmen's gelassen.

So wie Faultiere nur einmal pro Woche ihren Baum verlassen, empfängt der Dichter nur noch in seinem Kiez. Die Faultiere ernähren sich reichlich und auch unser Freund ist wohl genährt. Vielleicht ist Mario ein Kragenfaultier, denn diese gelten als gefährdet, ernähren sie sich doch von den Blättern der Regenwälder. Auch Ameisenbären, die gezielt ihre Opfer finden, oder Gürteltiere, die sich mit ihrem Panzer lästige Feinde vom Leib zu halten wissen, gehören – glaube ich – zur Gattung „Wirz". Mario schreibt sich das Leben her und weiß um seinen Globus. Wozu sich zu viel bewegen? Warum etwas anderes bestellen, wenn hier die Nudeln mit Meeresfrüchten immer köstlich sind? Weshalb auf andere zielen, wenn man selbst so viel Angriffsflächen zu bieten hat? Und worüber sich aufregen, wenn in der eigenen Höhle man sich sicher wähnt!

Wir zahlen, umarmen unseren Freund und der streichelt Joi, die uns so anhimmelt, als könnte sie ihr Glück nicht fassen. Wie wir.

Kollege Hund

Sarah Mondegrin

Am Donnerstag war der Herbst da. Es regnete und der Hund – nein, die Hündin – lag morgens um halb sieben geduldig in seinem, nein, ihrem Körbchen, leckte sich die rotfransigen Pfoten und gähnte. Das biologische Geschlecht von Nelly spielte im Übrigen auch keine große Rolle: Sie war eine Diva und sie hätte auch sehr gut eine männliche Diva sein können.

Draußen vor den hohen Erkerfenstern glänzte der Regen auf den nicht mehr frisch aussehenden Eichenblättern. Wenn Dorit näher ans Fenster gegangen wäre, hätte sie die Büschel von grünen Eicheln sehen können, aber sie wollte nicht näher an den Regen heran, der die Reifen der Autos auf der Straße zum Zischen brachte. Sie wollte heißen, knisternden Toast mit Butter und Erdbeermarmelade essen und einen zweiten Kaffee trinken.

Nelly wollte in ihrem Körbchen liegenbleiben, das war mehr als deutlich. Eingekringelt zu einem großen, rotbraunen Bogen, Schnauze an Schwanzspitze, nur die Augen – braun und müde

– drehten sich fragend zu Dorit hoch, als sie im Schlafanzug mit ihrem – ersten – Kaffee an ihr vorbeitapste, barfüßig. Lange würde das nicht mehr gehen, die Zeit der dicken Socken tauchte schon wieder am Rande des Bewusstseins auf.

Der Sommer war lang und semi-italienisch gewesen. Ein neues Lokal hatte an der Ecke eröffnet und statt die Stadt zu verlassen, hatte Dorit sich von Pappardelle (breiten Bandnudeln) mit Wildschweinsugo und Kokorétsi (Innereien vom Spieß) ernährt und dazu inkonsequenterweise Amstelbier getrunken. Die Inhaberinnen des „Rientro" – was so viel wie Heimkehr oder Wiederkehr bedeutete – waren ein griechisch-italienisches Lesbenpaar.

Der Hund hatte schon einen Stammplatz mitten im Lokal und schien sich für das Eisbärfell bei *Dinner for One* zu halten, aber die Kellnerinnen waren freundlich – junge Frauen mit abenteuerlich geschminkten Gesichtern, die sie ein wenig wie Pandabären aussehen ließen. Immer wieder gingen sie lächelnd um das Tier herum, scherzten in verschiedenen Sprachen und stemmten spielerisch ihre Tabletts – entweder voll duftender Speisen oder hochgetürmt mit abgegessenem Geschirr – in die Luft.

Draußen sitzen auf der Terrazza, damit war es nun vorbei. Keine tropischen Abende mehr, kein Schlafen unter dünnen Laken. Keine Ferngespräche mehr nach Mailand, denn die Gesprächspartnerin hatte nun hier am Naturkundemuseum mit ihrem heißersehnten Job begonnen. Das Praktikum in Mailand war nur die letzte Stufe auf der vorläufigen Karriereleiter gewesen – und jetzt war sie angekommen. Dorit würde sich mit ihr verabreden können, ganz normal, ins Kino oder auf einen Wein. Aber warum sollte sie das tun? Die Koordinaten waren gesetzt, jedes einzelne Ferngespräch hatte die jeweiligen Reviere abgesteckt. Da waren so viele Worte gewesen und am Ende dieser Worte standen nur noch Grenzmarkierungen.

„*Giornata di pioggia!*", sagte Dorit in sehr schlechter italienischer Aussprache zu dem außerordentlich müde aussehenden

Hund, der noch immer keine Anstalten machte, das Körbchen zu verlassen. „Das heißt Regentag, meine Liebe!", setzte sie hinzu, „und das …", sie deutete auf das mit Wasser besprenkelte Erkerfenster, „das sind *goccie di pioggia*, Regentropfen!"

Der Hund presste unbeeindruckt die lange, braune Schnauze gegen die lockige Kehle. Wenn sie gekonnt hätte, hätte sie *stanchezza*! gesagt – Müdigkeit – mit einer dunklen Frauenstimme, so ähnlich wie Virginia Woolf.

Und ja, müde war Dorit auch, so müde. Der Sommer hatte sie müde gemacht und der Herbst würde es auch tun. Keine Kino-Verabredung würde diese Müdigkeit von ihren Schultern nehmen – und Wein erst recht nicht. Wein hatte sie genug getrunken. Wein am Telefon und Amstelbier in dem Lokal an der Ecke, jetzt sollte sie wohl wieder zu Rooibostee übergehen oder zu Getreidekaffee.

Sie rief den Hund und holte das blaue Brustgeschirr vom Haken, das der Hund – der dazu neigte, sich ungestüm zu verhalten – draußen tragen musste. Nelly war ein Irischer Setter, ein großes Tier, das – obwohl schon elf Jahre alt – an der Leine große Kraft zu entwickeln vermochte. Meistens demonstrierte sie aber, was sie nicht wollte, und heute, Dorit seufzte, heute war einer der Tage, wo Nelly nicht raus wollte, sie hatte den Regen durch das geöffnete Fenster gerochen und das Zischen der Autoreifen auf dem Asphalt gehört. Manche Geräusche waren Nelly verhasst beziehungsweise sie machten ihr Angst, was auf das Gleiche hinauslief: Verweigerung.

Manchmal wünschte Dorit sich, sie hätte – ebenso wie der Hund – solchen Impulsen viel stärker nachgeben dürfen, aber was wäre dann aus ihr geworden? Würde sie dann den ganzen Tag nur auf dem Sofa liegen – dem Äquivalent zu Nellys Körbchen – und seichte Romane lesen? Oder amerikanisch-italienische Filme aus dem Jahre 1959 anschauen? Sophia Loren und Capri und ein in die Jahre gekommener Clark Gable? Nelly grunzte aus dem Körbchen und nagte an einem Stück Schlund herum. Würden so ihre Tage aussehen?

„Nelly! Komm! Wir gehen raus!"

Keine Reaktion.

Dorit zog den Reißverschluss ihrer Regenjacke hoch. „Dann gehe ich eben ohne dich!"

Offenbar hatte diese Drohung gefruchtet. Sie hörte, wie Nelly sich im Körbchen aufrappelte, sich schüttelte. Und richtig: da stand sie also jetzt im Erkerzimmer, reckte das Hinterteil nach oben und streckte den langen Kopf mit den langen lockigen Ohren nach oben. Das war Nellys kurze Morgengymnastik, ihr ganz persönliches Stretching.

„Sehr gut!", sagte Dorit. „Na, komm schon, Schätzchen! Komm!"

Nellys Krallen klackten auf dem Holzboden und sie trottete näher, um sich das Brustgeschirr anlegen zu lassen. „Nase!", sagte Dorit und Nelly stieß gehorsam ihren großen Kopf in die Öffnung. „Pfote!" Sie hob die Pfote, um sich in das Geschirr einzufädeln. „Artig!", sagte Dorit liebevoll. Artig war eigentlich ein sehr blödes Wort, aber für die Hundeerziehung eignete es sich vorzüglich. Im Gegensatz zu „brav" hatte es zwei Silben und ließ sich auf unterschiedliche Weise betonen. Dorit hasste die drei-a-Betonung von brav – braaav! – und hatte sich dieses Wort fast gänzlich abgewöhnt. Neulich hatte sie im Wörterbuch nachgeschaut, was artig auf italienisch hieß: *buono* oder *ubbidiente*. Buono fand sie nicht so toll, aber ubbidiente … das war ein wunderbares Wort, das sich sicher gut anwenden ließ, wenn sie versuchte, Nelly dazu zu motivieren, so neben ihr zu gehen, dass sie die Leine locker hängen lassen konnte.

Nelly war eigentlich eine Art „Dauerleihgabe". Oder versuchte sie damit nur das Wort „Vermächtnis" zu vermeiden? Nellys wirkliche Besitzerin war Ricarda, eine 55-jährige Italienerin, die aus Rom stammte und vor Jahren – aus welchen Gründen, hatte

Dorit nie begriffen – in Schöneberg gestrandet war. Seit zwei Monaten war Ricarda krank, mehr im Krankenhaus als zu Hause – und die Prognose war schlecht. Ricarda sprach nie wirklich über ihre Krankheit, sie informierte lediglich über das, was als Nächstes zu tun war. „Kannst du Nelly für eine Weile nehmen?", hatte sie Dorit vor drei Monaten gefragt. „Ich schaffe es nicht mehr, mit ihr zu gehen. Sie ist zu eigensinnig. Sie zerrt mich von einer Ecke in die nächste und wenn sie nicht mehr weitergehen will, du weißt schon, Pfoten auf die Pflastersteine gestemmt, den Rücken durchgedrückt und dieser Blick, als ob sie gleich die Zeugin der Anklage macht!"

Ja, Dorit kannte diesen Blick. Nelly hätte eigentlich die Hauptrolle in einem Hundespielfilm haben sollen, sie hätte sicher mehrere Oscars bekommen.

Es folgten die vertrauten Handgriffe: Schlüssel greifen – er hing an einem langen gelben Band, das sie sich um den Hals hängen konnte –, die Tüten für Nellys Hinterlassenschaften, die Leine in den Ring auf Nellys Brustgeschirr am Rücken einhaken, Tür auf, Hund durch, sie selbst durch, Tür zu … Und schon zog Nelly sie die Treppe herunter, die Flexleine rollte sich ab bis zum ersten Absatz.

Sie öffnete die Haustür und fragte sich, ob sie sich nach rechts oder links wenden sollte. Links bot den Vorteil, der befahrenen Straße auszuweichen, nach rechts wollte Nelly meist. Aber zu dieser Stunde war Nelly noch kompromissbereit, sie ließ sich willig in die Richtung lenken, die Dorit ausgewählt hatte. Also die Straße hoch, dann wieder nach links, kurze Pinkelpause, aber sich taktisch so bewegen, dass das andere Geschäft noch eine Weile warten konnte. Ideal war es, wenn es sich bis zum hochbegrünten Trümmergrundstück hinauszögern ließ, dort gab es auch wenige Menschen und das Aufklauben und Einstülpen des warmen Kots in die Plastiktüte entfiel. Dorit hatte gelernt, die Dinge beim Namen zu nennen.

In einem Wörterbuch hatte sie gelesen, dass Kot auf Italienisch unter anderem *fango* hieß oder auch *excrementi*, was weniger verblüffte. Und „in den Schmutz zerren" hieß *infangare* – das war wirklich ein herrliches Wort.

Am Anfang glaubte Dorit, sie müsse italienisch mit Nelly sprechen, schließlich hatte Ricarda, die Besitzerin des Hundes, sich vermutlich auf Italienisch mit ihr unterhalten. Dorit hatte in ihrem Bücherregal sogar ein italienisch-deutsches Wörterbuch gefunden – stimmt ja, damals –, vor circa vier Jahren hatte sie mal mit dem Gedanken gespielt, die Sprache zu erlernen. Seit Nelly bei ihr lebte, war das Italienische Wörterbuch zu ihrer Bettlektüre geworden und die Vokabeln eine Quelle der Freude und Überraschung. Kotflügel war auf italienisch *parafango* – also das klang doch viel poetischer als das deutsche Pendant. Und Köter war hier ein *botolo*.

Buon giorno!, hätte Dorit gern der Frau am Zeitungskiosk zugerufen – doch das war keine gute Idee, denn die Dame verstand keinen Spaß. Wie die meisten hier, leider. Einschließlich ihr selbst.

Humor hätte ihr vielleicht geholfen, all die Missverständnisse rechtzeitig zu begreifen, die bei den Ferngesprächen nach Italien aufgetreten waren. Wobei sie sich noch nicht mal mit bi-nationalen Problemen herausreden konnte. Ruth war nun wirklich keine Italienerin. Sie stammte von der Insel Langeoog und das Aufwachsen auf der Insel hatte in ihr eine wilde Neugier auf das Leben auf dem Festland genährt. Nichts wollte sie mehr als das: ein wissenschaftlicher Job mit Prestige, eine Eigentumswohnung im Regierungsviertel – wie sie es nannte – und irgendwann, aber noch nicht jetzt, eine Familie. Anfangs hatte Dorit noch geglaubt, der Familienwunsch würde kein wirkliches Hindernis darstellen. Immerhin gab es Familien unterschiedlicher Ausprägung. Als die Ferngespräche nach Mailand länger wurden, hätte ihr klarwerden müssen, dass Ruth von der klassischen Familie sprach. Sie wollte das heterosexuelle Mutter-Vater-Kind-Modell. Doch Dorit brachte es nicht fertig, diese aussichtslosen Telefonate zu beenden. Und auch nicht den Austausch von E-Mails. Sie hätte den E-Mail-Filter aktivieren sollen. Und auch den Filter, der ihr Herz vor unpassenden Erwartungen schützte. Sie stellte sich diesen Filter vor ihrem Herzen wie eine Art Fischreuse vor. Möglicherweise hatte Ruths inselgeografische Herkunft diese Assoziation zu verantworten. Der imaginierte Filter schwebte vor Dorits Herzen. Er sollte die undiszipliniert heranflutenden Erwartungen abfangen. In einem Zeichentrickfilm wären die Erwartungen von glubschäugigen, dumm dreinschauenden Fischen verkörpert worden, dicklippig, mit erstaunlich hübschen Schleierflossen. Nein, Dorits Erwartungen waren nicht von dieser Welt gewesen, Abgesandte aus einer Traumwelt, vielleicht aus der Tiefsee ihres Unbewussten.

Eine raue Stimme schreckte sie aus ihren inneren Bildern hoch: „Na? Und wie geht's ihr? He?"

Die Stimme kam von einer Frau, auf deren blasses Gesicht das Wort verlebt gepasst hätte. Leider hatte Nelly sich ausgerechnet diesen Moment ausgesucht, um etwas *cacca* zu produzieren und ein gekrümmter Hunderücken ist vor einem Zeitungskiosk mit Kaffeeausschank nicht gern gesehen. Dorit hielt die knisternde Plastiktüte bereit und scannte die Umgebung nach einem der orangefarbenen Abfallbehälter, die hier an chronischer Überfüllung litten. Sie hasste nichts mehr, als mit einer baumelnden Tüte hektisch die Straße hinabsausen zu müssen, neben sich eine heftig zerrende, kräftige Setterin, die auf dem schnellsten Weg nach Hause wollte, raus aus dem Regen und rein ins gemütliche Körbchen.

Sie ignorierte die Frau. Die ließ nicht locker. „Na, sag schon, die Ricarda, wie geht's ihr?"

Dorit seufzte. Eigentlich sollte sie an solche Situationen gewohnt sein. Die Leute erkannten den Hund, der zu Ricarda gehört hatte, und quatschten sie dann auf alles Mögliche an.

„Geht so", erwiderte sie zugeknöpft.

„Und die Chemo? Schlägt die denn wenigstens an? He?"

„Moment mal." Dorit bückte sich und klaubte den Kot auf, der glücklicherweise von gut handhabbarer Konsistenz war. Es gab auch andere Tage. Sie richtete sich wieder auf. „Artig!", sagte sie in leicht aufgebrachtem Ton zu der wild ziehenden Nelly, für die die Sache jetzt erledigt war. Artig war in diesem Fall kein Lob, sondern eine – leider wenig fruchtende – Mahnung.

„Na, ist die Tante nicht nett zu dir?", ließ sich die Fremde jetzt wieder vernehmen.

„Doch!", sagte Dorit und fixierte die Frau mit einem Gomorrhablick. „Die Tante ist sehr nett zu ihr!"

Dann wandte sie sich ab. Sie hatte einen halbwegs leeren Abfallbehälter entdeckt. Der Regen war noch heftiger geworden und sie hatte keine Lust auf inquisitorische Gespräche mit fremden Frauen mit Alkoholfahne morgens um sieben.

„Aber die Chemo?", brüllte es hinter ihr. „Schlägt die an?"

Der Ruf klang dringlich. Vielleicht war die Frau ja eine Freundin von Ricarda? Nein, das konnte nicht sein. Dann wüsste sie, in welchem Krankenhaus sie lag. Und überhaupt: solche Freunde konnte Ricarda nicht haben.

Dorit drehte sich halbherzig um. Die baumelnde Tüte in ihrer Hand roch nicht wie etwas, das man morgens noch vor dem Frühstück riechen möchte. Dann erblickte sie die entscheidende Freundin. Es war ein schokoladenbrauner Mops, der auf dem Schoß der Frau saß und gerade etwas Dosenmilch aus ihrer Hand schleckte.

„Moment!", sagte Dorit. „Bin gleich wieder da!"

Sie entsorgte die Tüte und drehte wieder zum Kiosk um. Nelly bedachte sie mit einem empörten Blick. Offenbar hatte sie kein Interesse an weiteren Wegvarianten.

„Ist ja gut!", sagte Dorit. „Hier, nimm das."

Sie kramte das alte Portemonnaie heraus, das in letzter Zeit Nellys bester Freund war. Sie liebte es, das durchgekaute Teil am Ende des Spaziergangs nach Hause zu tragen. Sie verfiel dann in den leicht zappelnden, sehr rhythmischen Gang, den Dorit „tölken" nannte.

Bereitwillig tölkte sie jetzt – mit dem Portemonnaie im Maul – zurück zum Kiosk, auch wenn dieser Weg nicht auf dem Rückweg lag.

Die Frau hatte sich gerade eine Zigarette angezündet und der Mops stemmte sich auf ihrem Schoß Richtung Nelly. Dorit ließ Nelly so nahe wie möglich an den Mops heran. Die Frau lächelte: „Det sind doch Kollegen, die beeden!"

Dorit nickte. Ohne die Kacktüte fühlte sie sich diesem Sozialkontakt besser gewachsen. „Die Chemo ist sehr anstrengend und ob es was bringt, man muss abwarten."

Die Frau nickte. „Det war bei mir auch so. Aber ick hab's jut überstanden. Kann sogar wieder roochen, wa?" Sie grinste fröhlich.

„Na dann … Nelly … verabschiede dich mal von deiner Kollegin, wir gehen, ja?"

Nelly klaubte ihr Portemonnaie vom Boden, drehte sich mit wedelndem Schwanz um, knapp an der Kaffeetasse der Mopsbesitzerin vorbei, und dann tölkte sie los, endlich zurück ins Körbchen.

Pelzgesicht

Sarah Mondegrin

Heute Morgen war der Besen auf dem steinernen Boden der überdachten Veranda festgefroren. Ich stand da, mit schneeverkrusteten Winterstiefeln, und zerrte an dem Besen. Ein schwarzes Pelzgesicht beobachtete mich. Nein, nicht ganz schwarz, etwas Weiß um das Mäulchen und strahlende weiße Schnurrbarthaare, die sehr hübsch zu dem Schwarz des Pelzgesichts kontrastieren. Die Katze wirkte – für meine menschliche Wahrnehmung – verblüfft. Wundern sich Katzen? Diese Frage kann wohl niemand mit letzter Sicherheit beantworten.

Die Katze schaute rundgesichtig aus ihrem augenblicklichen Draußen-Lieblingsplatz heraus, einer hellblauen Styroporschachtel, die im letzten Winter bei den Nachbarn für die Igelrettung benutzt worden war.

Seit Kurzem führe ich ein Computertagebuch, das heißt, ich erzähle mir selbst von den Ereignissen des Tages. Außerdem probiere ich Schriftarten aus. Im Moment benutze ich die Schrift

„Zapfino" eine etwas alberne Schreibschrift mit riesig langen Auf- und Abstrichen.

Gestern hat das Nawroth, die weißschwarze Kollegin des Pelzgesichtes, auf mein ausgedrucktes Computer-Tagebuch geniest. Das Nawroth ist überwiegend weiß, mit einigen schwarzen Tupfen unterschiedlicher Größe. Es sind nicht genug, um den Namen Kuhkatze beanspruchen zu können. Sie hat Schnupfen, starken Schnupfen, wirkt aber munter. Sicher nur eine kleine Erkältung, nichts Ernstes.

Zapfino wäre vielleicht ein guter Name für das Pelzgesicht. Wir kennen uns schon seit einem Jahr und noch immer hat sie keinen festen Namen. Am Anfang hieß das Pelzgesicht Silvester, denn ich habe sie am letzten Abend des Jahres aus der Garage unserer Nachbarn befreit. Sie war abgemagert und schmutzig und ihr dunkler Pelz voller Staub. Tagelang habe ich damals die Umgebung mit einem Foto des Findlings tapeziert. Ich wollte sicher sein, dass ihre Menschen eine Chance hatten, sie wiederzubekommen. Doch niemand meldete sich.

Heute Morgen wurde ich von allen drei Katzen aus dem Haus heraus beobachtet, als ich auf der Straße Schnee schaufelte. Silvester ist schwarz, mit weißen Pfötchen, der Kater rot, hochbeinig und hyperaktiv und das Nawroth, die Weiße mit der rosa Nase, ist ein flauschiges Pelzknäuel. Nein, das stimmt natürlich so nicht. Aber das Nawroth ist von allen dreien mit Sicherheit die sanfteste und lässt sich – leider – am schnellsten einschüchtern. Außer, wenn sie beschlossen hat, dass ihre Kuschelzeit angebrochen ist. Dann schnurrt sie in einer erstaunlichen Basstonlage und zieht mit Vorliebe Fäden aus meinen Angorapullovern. Wer Katzen hat, sollte in ihrer Gegenwart auf das Tragen von teuren Pullovern verzichten. Nawroth sondert zurzeit beim Schnurren kleine Tröpfchen aus der Nase ab. Wenn das so weitergeht, ist ein Anruf bei der Tierhomöopathin fällig. Trotz ihrer Tropfnase bringe ich es nicht fertig, das Nawroth von meinem Schoß zu entfernen, und so schreibe ich mein Computertagebuch mit klappernden Tasten, untermalt vom Schnurren einer erkälteten Katze.

Marek, der rote Kater, betrachtet uns missgestimmt. Er thront auf der höchsten Plattform des Kratzbaums. Ihn dort zu streicheln, ist schwierig, denn Marek zieht es vor, mit seiner Pfote nach der zärtlichen Hand zu schlagen. Leider meistens mit ausgefahrenen Krallen, sodass seine Zuneigung schmerzhaft sein kann. Dass es sich um Zuneigung handelt, erkenne ich daran, dass er ebenfalls schnurrt. Marek hat sich selbst zum Boss der kleinen Truppe ernannt und beharrt darauf, dass sein Napf am meisten Futter enthält. Von Silvesters Ankunft in unserem Haushalt war der Kater am wenigsten begeistert.

Manchmal – so wie heute Morgen, als sie mich beim Schneeschaufeln aus dem warmen, hell erleuchteten Haus betrachteten –, wirken die drei sehr einträchtig. Ich kratzte mit meiner Schneeschaufel auf der menschenleeren Straße herum und freute mich über den ländlichen Winter. In der Nacht hatte es kräftig nachgeschneit und die beiden Mülltonnen trugen zwanzig Zentimeter hohe Schneemützen. Ein Stück weiter die Straße herunter schwang eine Nachbarin die Schneeschaufel und winkte mir fröhlich zu.

Nachdem ich den Gehweg und die halbe Straße geräumt hatte, begann ich für die Katzen einen Weg durch den Garten freizuschaufeln. Den Zugang zu den Vogelhäuschen sparte ich aus, obwohl ich wusste, dass das nicht viel nutzen würde. Macht es eigentlich Sinn, Wege für die Katzen vom hohen Schnee zu befreien, wenn sie – scheinbar ohne Mühe – überall dorthin spazieren, wo sie es interessant finden?

Ich verteilte kleingeschnittene Nüsse und Sonnenblumenkerne in den Vogelhäuschen. Jemand hatte mir gesagt, dass Vögel verhungern, wenn man einmal begonnen hat, sie regelmäßig zu füttern, und dies nicht beibehält. Das Risiko möchte ich kei-

nesfalls eingehen. In einem Katzenhaushalt mit „Freigängern"
sind tote Vögel ja leider keine Seltenheit. Der Kater schleppte im
Sommer einmal eine riesige Taube an meinem Liegestuhl vorbei.
Und das Pelzgesicht hatte eine Zeit lang die Angewohnheit, mir
zum Wachwerden lebende Mäuse ins Bett zu bringen. Der Winter, die ruhigere Jahreszeit, bietet manche Vorteile.

Ich fegte zum Schluss noch einmal über die Eingangstreppe,
stieg aus meinen Stiefeln, schlüpfte in die Hausschuhe und zog
die schneebedeckten Handschuhe aus.

Der Kater stürmte auf mich zu und bringt mich beinahe zu
Fall. Die Frühstücksfütterung ist überfällig. Seine Begeisterung
würde keine Grenzen kennen, wenn ich ihm ein paar lebende
Mäuse servieren würde. Stattdessen benutze ich die von mir so
genannte „Brekkies-Fernsteuerung" und werfe ihm etwas Trockenfutter die Treppe hoch. Damit ist er erst mal eine Weile beschäftigt. Ich ziehe es vor, das Katzenfutter auf drei Näpfe zu
verteilen, ohne dass mich quiekende, schnurrende Katzen zu Fall
bringen. Also schließe ich die Küchentür hinter mir und öffne die Futterdose. Das Nawroth hat schon auf der Fensterbank
gewartet und beobachtet mich still. Sie ist – erwähnte ich das
schon? – die Zurückhaltendste der drei.

Plötzlich fliegt die Katzenklappe mit einem Knall auf und das
Pelzgesicht trabt herein. Es stößt einen begeisterten Fress-Schrei
aus, den es nur ertönen lässt, wenn der Geruch von frischem
Futter in seine rosa Nase steigt. Am Anfang unserer Bekannt-
schaft bestand diese Katze darauf, an meinen Beinen hochzu-
klettern, sobald ich nur den Gedanken fasste, eine Dose mit
Katzenfutter vom Regal zu holen. Die Brekkies-Fernsteuerung
versagt als Gegenmittel beim Pelzgesicht. Silvester gehört zu den
wenigen Katzen, denen der Klang von Trockenfutter auf den
Holzdielen gleichgültig ist. Bei einem Löffelchen Joghurt sieht
das schon anders aus. So bestehen Silvesters Mahlzeiten häufig
aus zwei Gängen. Erst das Joghurt, um sie vom Verteilen des

Futters abzulenken, dann ein Napf mit Feuchtfutter. Einige Mitglieder dieses Haushaltes sind der festen Überzeugung, dass Silvester im weitläufigen Radius des Hauses noch weitere Futterquellen anzapft. Oft ist die Katze warm, wenn sie in die Küche zurückspaziert. Wir vermuten, dass ihr noch andere Öfen zum Davorkuscheln bereitwillig angeboten werden.

Drei hungrige Katzen so zu füttern, dass keine das Nachsehen hat, ist keine einfache Aufgabe. Früher hatte ich die falsche Technik. Während das Nawroth und Silvester noch nach Katzenart den Inhalt ihrer Schälchen beschnupperten, hatte der rote, hyperaktive Marek sein Futter schon eingeatmet und befand sich bereits auf der Suche nach Alternativen. Vielleicht hält er sich ja für einen Hund. Ein Hund, gefangen im Körper eines Katers. Marek wäre als Hund wahrscheinlich ein nervöser, besitzergreifender Podenko mit kurzgelocktem, weichem, rotblondem Fell. Dass Hunde sich für Katzen halten und umgekehrt, kommt, glaube ich, wahrscheinlich öfter vor als angenommen. Es ist Zeit, dass die Forschung sich diesem Thema einmal zuwendet!

Der Kater würde einen guten Wachhund abgeben. Im Sommer wird man jedenfalls immer von einem kleinen rotbefellten Bodyguard eskortiert, wenn man im Garten nach dem Reifungsgrad der Zucchini schaut.

Silvester legte im letzten Sommer größeren Wert darauf, ihr Schlafdefizit auszugleichen. Glückselig lag sie tagelang auf ihrem Lieblingsplatz im Schaukelstuhl unter dem Birnbaum. Kaum zu glauben, wie ausgehungert und in schlechter körperlicher Verfassung sie früher war. Zu gern wüsste ich, was sich damals in ihrem Leben ereignet hat. Doch ich werde es nie erfahren. Das Pelzgesicht wird mit seinem Geheimnis leben müssen.

Der Kater kratzt empört an der Küchentür. Die Brekkies auf der Treppe sind vertilgt und er hat genau gemerkt, dass hier etwas weit Interessanteres geschieht. Ich stelle dem Pelzgesicht einen Napf mit der Vorspeise, Naturjoghurt aus dem Bioladen, auf den Boden.

Ich öffne die Tür und Kater rast auf die Näpfe zu. Das Nawroth springt entschlossen von der Fensterbank und nähert sich ebenfalls im zügigen Pfotenschritt. Mein Blick wandert wieder zu Silvester, die glücklich ihren Joghurt verputzt. Sie ist inzwischen zu einer rundlichen Schönheit geworden. Ihr schwarzes Fell glänzt prächtig. Ich bin froh, dass ich sie damals in der Garage gefunden habe – und die Menschen, die sich nicht gut genug um sie gekümmert haben, haben so ein wunderschönes Tier einfach nicht verdient. Bedauerlicherweise macht mich der Umgang mit Katzen zuweilen zu einer Moralistin.

Die Katzen gleichen dies gern mit einer erfreulichen Skrupellosigkeit aus. Für einen Moment habe ich nicht aufgepasst und Marek macht sich gleich über den Napf der verschnupften Kollegin Nawroth her. Bei all meinen Erinnerungen an das Pelzgesicht habe ich mal wieder vergessen, den Kater separat zu füttern.

Eine Hommage
an die Freundschaft

Christoph Klimke & Mario Wirz
Nachrichten von den Geliebten

€ 14,90 [D]

Kindheit, Schulzeit, erotische Begegnungen, auch der Verlust von
geliebten Menschen sind der Stoff, aus dem diese „Nachrichten"
sind. Eine literarische Hommage an die Freundschaft.

Trockener Humor und hoher Gute-Laune-Faktor!

Sarah Mondegrin
Berlin am Meer
Roman

€ 14,90 [D]

Wer verliebt sich schon freiwillig? Die Geschichte zweier Frauen auf dem Weg, es zu wagen. Ein Roman mit trockenem Humor und hohem Gute-Laune-Faktor.